DUMONT
DIREKT

Bremen

Britta Rath

Inhalt

Das Beste zu Beginn

Bremen auf die Schnelle
Charme und Tradition der alten Hansestadt spüren Sie rund um den Marktplatz, in der Böttcherstraße und im Schnoor. In der Überseestadt dagegen erleben Sie, wie ein Hafenviertel neu genutzt wird. Wandel wird auch in der Neustadt oder im Tabakquartier in Woltmershausen sichtbar.

Bremen von oben
265 Stufen und Sie haben es geschafft. Vom Südturm des Bremer Doms aus überblicken Sie den Marktplatz mit Roland und Rathaus. Gut erkennbar – wenn nicht gerade Frei- oder Weihnachtsmarkt ist – das ins Pflaster gelegte Hanseatenkreuz, Erinnerung an die Hanseatische Legion und die Befreiungskriege 1813–15.

Bremen selbst entdecken
Wenn Sie ein bisschen mehr Zeit für die Stadt haben, nicht nur die offenkundigen Highlights erlaufen möchten, lohnen sich Abstecher ins ›Viertel‹, also Ostertor und Steintor, oder in die Neustadt. Läden, kleine Märkte, Lokale, Brüche zwischen traditionell und alternativ, saturiert und auf der Suche.

(Alt-)Bremer Häuser
Sie kommen zwar nicht rein, außer Sie kennen jemanden, der in einem solchen Haus wohnt, aber auch von außen sind sie Beachtung wert. Reihenhäuser, en bloc gebaut und doch mit individuellen Noten. Von klein und schlicht bis fast schon herrschaftlich in ihrer Außengestaltung gibt es sie in den Vierteln rund um die Innenstadt – und auf der anderen Weserseite in der Neustadt.

Bremen und der Fußball
Natürlich leben in Bremen Menschen, die nicht nur Fans des einen Vereins sind. Aber wenn Werder kämpft, gar beim Heimspiel im Weserstadion, dann könnte der eine oder andere nicht erreichbar sein. Und das nicht nur beim Nordderby oder wenn es gegen Bayern geht. Bremen leidet, Bremen freut sich – Werder ist in Bremen Kult.

Klangvolles Bremen

Von der jazzahead! bis zur Bremer Kammerphilharmonie, von Rock und Pop im Pier 2 bis zum Bremer Musikfest … Bremer sind musikbegeistert, bei Wind und Wetter. Kult ist der Sommer in Lesmona, recht neu sind die Events auf der Seebühne.

Ischa Freimaak!

Wie viele Jahreszeiten Bremen hat? Mehrere Fünfte allemal. Ob's das Sechstagerennen ist, der Sambakarneval oder der Freimarkt (Freimaak). Und dann gibt es ja noch Osterwiese, Weihnachtsmarkt, Hafenfeste … Da erkennen Sie die ›steifen‹ Hanseaten nicht wieder.

Bremens Grün

Joggen, Fahrradfahren, Sonnenbaden – kein Problem. Mir gefällt die Weserinsel zwischen City und Neustadt mit ihren Wegen durch Wiesengrün und Kleingärten, mit Stränden an Café Sand und Werdersee – und das Blockland.

In Bremerhaven tut sich was,

vor allem am Wasser. Hier liegt inzwischen das Schulschiff Deutschland, beliebt sind Auswanderer- und Klimahaus, schwerer tut sich das Schifffahrtsmuseum. Dafür lockt das Schaufenster Fischereihafen mit maritimem Flair.

Die Giftmischerin

»Effigie – Das Gift und die Stadt« lautet der Titel des Independent-Films über Gesche Gottfried, jene Bremer Giftmischerin, die 15 Menschen aus ihrem engsten Umfeld ermordete.

Bremen affin, ja, Asien affin auch. Wenn ich also nicht bei einer Latte ermattet auf den Wochenmarkt am Domshof schaue, sollten Sie es in einem der asiatischen Läden der Stadt versuchen …

Fragen? Erfahrungen? Ideen?

Ich freue mich auf Post.

Mein Postfach bei DuMont:
b.rath@dumontreise.de

Das ist Bremen

Eine Tugend und manchmal eine Last ist das, was man Bremern nachsagt und was – allemal die gut- bis großbürgerlichen tagenbaren – Bremer bis heute leben: das Zurückhaltende, weder Pomp noch Prunk nach außen zeigen, aber Gutes tun, Geld für das Wohl der Stadt und ihre Menschen geben. Tagenbaren? Das sind Bremer, die von gebürtigen Bremern in Bremen geboren und in Bremen erzogen wurden, wobei es heißt, als solcher gilt nur jemand, von dessen Familie mindestens drei Generationen auf dem Riensberger Friedhof liegen … Und warum eine Last? Das Zurückhaltende zeigt sich auch in der Außendarstellung der Stadt – nix oder wenig von wegen ›Trommeln gehört zum Handwerk‹.

Rathaus, Roland, Stadtmusikanten

Dabei kennt fast jedes Kind die Bremer Stadtmusikanten, auch wenn sie Bremen (im Märchen) nie erreichten. Und dennoch sind sie da, zwischen Rathaus und Liebfrauenkirche, in Bronze gegossen von Gerhard Marcks. Ihre Geschichte gibt es in viele Sprachen übersetzt, nicht zuletzt in der wunderbaren von Janosch illustrierten Fassung. Nur eines der werbewirksame Pfunde, mit denen die Stadt wuchern kann, denn Rathaus und Roland sind Weltkulturerbestätten und nur ein paar Steinwürfe entfernt warten Böttcherstraße und Schnoor auf Besucher – alle nicht vergeblich.

Der Schlüssel zur Welt

Bremen war und ist eine weltoffene Stadt, eine traditionsreiche Hanse- und Handelsstadt – daran erinnert auch der Spruch über dem Schütting, dem Sitz der Handelskammer:»Buten un Binnen, Wagen un Winnen« (draußen wie drinnen, wagen und gewinnen). Hamburg nennt sich »Tor zur Welt«, Bremen kontert: »Und wir haben den Schlüssel«, geführt im Wappen der Stadt.

Großstadt oder Dorf?

Da sind die gediegenen Wohn- und edlen Villenviertel etwa in Schwachhausen oder Oberneuland – mit nicht geringer Millionärsdichte –, oder im Hafenbereich die traditionellen Arbeiterviertel wie Gröpelingen und Walle, an die jetzt die hippe Überseestadt anschließt. Zentrumsnah liegen, von Gentrifizierung gezeichnet, Ostertor und Steintor, während auf der anderen Weserseite in der Neustadt, zumindest im wesernahen Teil, die Entwicklung hin zu dem, was Ostertor und Steintor einmal waren, begonnen hat. Zu erwähnen auch die Neue Vahr, hochgezogen in Zeiten der Wohnungsnot (1961 fertiggestellt) und heute ein schwieriges Quartier – hohe Arbeitslosigkeit, über 50 % Bewohner mit Migrationshintergrund (sogar über 70 % bei den unter 18-Jährigen). Das Kontrastprogramm zu all dem Städtischen liefern die ländlichen Bereiche, ja Dörfer, mit Bauernhöfen und Viehhaltung wie links der Weser Strom und rechts der Weser Blockland und Wasserhorst. Also lautet die Antwort: beides. Und das nicht nur, weil man manchmal das Gefühl hat, dass jeder jeden kennt.

Doch ans Ziel gelangt – die Bremer Stadtmusikanten

Im Aufbruch

Aus dem Freihafen ist die Überseestadt geworden – hippes Wohnen, Arbeiten und Ausgehen in alten Speichern oder Schuppen zwischen noch in Betrieb befindlichen Hafenanlagen. Der Hafen ist tot – es lebe der Hafen! Und sei es im übertragenen Sinn der Raumfahrt› hafen‹. Von Bremen geht es heute nicht mehr nur nach Übersee, sondern man strebt höher, weit hinaus ins All zu Mond und Mars.

Kultur, etabliert und alternativ

Bremens Kulturleben bewegt sich zwischen zwei Polen – den etablierten Theatern, Orchestern etc. und den Ideen, die aus einer parallelen, nicht zum Establishment gehörenden Szene hervorgehen. Letzteren verdankt die Stadt Festivals, wo sich eine junge Theater- und Musikszene aus aller Herren Ländern trifft. Ein Highlight in der Musiklandschaft bildet die Deutsche Kammerphilharmonie Bremen, ein engagiertes, in Eigenverwaltung organisiertes Orchester – dessen Sommer in Lesmona inzwischen unverbrüchlich zur Bremer Kulturlandschaft gehört. Und: Bremen besitzt hervorragende Museen. Hier sei zunächst die Kunsthalle genannt, die exzellente Bestands- und Sonderausstellungen zeigt. Spannend ist auch das Überseemuseum, das eine Brücke von kolonialen Zeiten hin zum Heute schlägt. Völker-, Landes- und Kulturkunde ganz im Sinne seines Gründers verbindet: Faszination Ferne – wie passend für eine alte Handels- und Hafenstadt.

Bier oder Wein?

Die meisten denken bei Bremen an Bier – das hier auch gern getrunken wird, nicht nur an einem lauen Sommerabend im Gewimmel an der Schlachte. Aber Wein? Doch, der Bremer Ratskeller ist der älteste Weinkeller Deutschlands und riesig dazu. Na denn, Prost!

Bremen in Zahlen

2
Städte, Bremen und Bremerhaven, bilden das Bundesland Freie Hansestadt Bremen

4
Wahrzeichen prägen Bremen: Roland, Rathaus, Stadtmusikanten, Fallturm

5
km lang ist die Stromkaje des Containerterminals in Bremerhaven

9
Hochschulen gibt es in Bremen und Bremerhaven

32,5
m ›hoch‹ ist die höchste natürliche Erhebung Bremens

38
km erstreckt sich die Stadt entlang der Weser – fast genau so viele Kilometer Niedersachsen trennen Bremen von Bremerhaven

80–90
% (circa) der Bremen-Besucher kommen aus Deutschland

99
Pfund darf der Schneider wiegen, der am 6. Januar prüft, ob die Weser geiht oder steiht – die Bremer Eiswette

126
m hoch liegt das höchste Trauzimmer Bremens – direkt unter der Spitze des 146 m hohen Fallturms

126
m kurz sind die beiden längsten Straßen im ältesten Viertel der Stadt, dem Schnoor

265
Stufen führen auf den Südturm des Bremer Doms

342
Stiftungen engagierten sich 2021 in Bremen, viele davon private und Familienstiftungen Bremer Bürger

370
Jahre alt ist der älteste Wein im Bremer Ratskeller (2023), der älteste Fasswein Deutschlands

1249
ha zugängliche Parks und Gärten gibt es in der Stadt Bremen – ohne Friedhöfe, Kleingärten, Naherholungsgebiete etc.

8454
ha der stadtbremischen Fläche werden landwirtschaftlich genutzt (2021)

42 100
Zuschauer fasst das Weserstadion als Fußballarena, Heimstatt von Werder Bremen

566 573
Einwohner hat Bremen 2020, gut 113 000 Bremerhaven

1 206 886
Übernachtungen, verzeichnet das Gastgewerbe der Stadt 2020 – ein pandemiebedingter Rückgang um fast 49 %, der hoffentlich bald wettgemacht werden kann

3
Mal ist Bremer Recht! Erst nach dem dritten Fehlversuch wird's ernst

Was ist wo?

Bremen zieht sich … Um die 40 km erstreckt sich die Hansestadt beidseits entlang der Weser. Alte innerstädtische Viertel, einstige Dörfer, die im 19. Jh. wohlhabende Bremer für ihre Landsitze auserkoren, Industrie- und Hafenviertel, moderne Technologieparks – und immer noch Bauernland.

Altstadt
Die Altstadt erstreckt sich zwischen Weser und der Straße Am Wall bzw. den Wallanlagen, die entlang der einstigen Stadtmauer verlaufen. Herz der Stadt ist der **Marktplatz** (▱ Karte 2, E 5) mit **Rathaus und Roland**, beide Weltkulturerbe der UNESCO, und den **Bremer Stadtmusikanten.** Hier beginnt auch die **Böttcherstraße** mit **Paula-Modersohn-Becker-Museum** und **Roselius-Haus.** Nächstes Ziel ist dann Bremens ältestes Viertel, der **Schnoor** (▱ Karte 2, E 6).

Von der Schlachte zur Überseestadt
Kurz hinter der St.-Martini-Kirche beginnt an der Weser die Ausgehmeile **Schlachte** (▱ Karte 2, D/E 5). Vor ihr liegt auf der Weserinsel die **Weserburg, Museum für moderne Kunst.** Hinter der Schlachte erstreckt sich das **Stephaniviertel** (bis 1305 außerhalb der Stadtmauern), wo Seeleute, Fischer und Handwerker, dann überwiegend Arbeiter, in engen Häusern lebten. Die heutige Bebauung rund um die Kulturkirche St. Stephani erinnert noch in wenig daran. Nur ein Katzensprung ist es von hier in die **Überseestadt** (▱ A–C 1–4), wo sich aus dem alten Freihafen ein gemischtes Quartier mit Neubauten, alten Speichern, Schuppen und Hafenanlagen entwickelt.

Ostertor und Steintor
Ostertor und Steintor sind als das ›Viertel‹ (▱ F/G 6) bekannt. Den Übergang von der Innenstadt ins Ostertor prägt die **Kulturmeile** mit der Kunsthalle Bremen, dem **Theater am Goetheplatz,** dem **Gerhard-Marcks-** und dem

Wagenfeld-Haus. Im Viertel sehen Sie typische **Bremer Häuser,** können shoppen, essen und trinken, tauchen ein in einen Mix aus junger und saturierter Szene, alteingesessenen Bremern und Menschen mit Migrationshintergrund.

Findorff
Benannt nach dem Moorkommissar Jürgen Christian Findorff (1720–92), besaß der Stadtteil ab 1826 einen **Hafen** (▱ F 3) um den Torf zu verladen, der aus dem Teufelsmoor nach Bremen verschifft wurde. Findorff, heute ein beliebtes Wohnviertel, hat mit dem **Findorffmarkt** einen schönen Wochenmarkt. Nördlich von Findorff erstreckt sich das ländliche **Blockland** (▱ außerhalb H/J 1).

Neustadt und Woltmershausen
Auf der linken Weserseite legte man um 1623–25 im Bereich der heutigen Neustadtcontrescarpe und des Neustadtswalls eine Stadtbefestigung ähnlich der auf der Altstadtseite an. Nach ihrer Schleifung entstanden **Arbeiterviertel** (▱ D 5–F 8; u. a. Zigarrenmacher, Bierbrauer) und Wohnquartiere des Mittelstands. Hier liegen bis heute die Produktionsstätten der Brauerei Anheuser Busch InBev (früher Beck & Co) oder der Bau der Remmer Brauerei (heute **Städtische Galerie;** ▱ E 7). Der wesernahe Bereich wird bei Studenten und jungen Familien immer beliebter. Jenseits der Oldenburger Straße entwickelt sich in **Woltmershausen** das **Tabakquartier** (▱ B/C 5/6) auf dem früheren Areal der Martin Brinkmann AG, zu einem neuen Wohn-, Arbeits- und Kulturviertel.

Oberneuland mit Rockwinkel

Diese beiden bei der Kultivierung des Hollerlands entstandenen Dörfer sollten zu einer beliebten Sommerfrische wohlhabender Bremer werden. Ab dem 19. Jh. entstanden Gutshäuser und herrschaftliche Landsitze. Viel Grün prägt den Stadtteil, etwa mit **Heinekens Park, Höpkens Ruh** und **Rhododendronpark** (📖 L–M 3–4).

Schwachhausen

Das einstige Marschenbauerndorf entwickelte sich ab der zweiten Hälfte des 19. Jh. in ein vornehmes Wohngebiet mit Villen und großzügigen Bremer Häusern. Die Villenarchitektur dominiert an **Parkallee, Schwachhauser Heerstraße** und **Schwachhauser Ring** (📖 G/H 3/4). In den Seitenstraßen finden sich schöne Bremer Häuser. Jenseits von Bürgerpark und Stadtwald schließt sich zum Stadtteil **Horn-Lehe** gehörende **Technologiepark Universität Bremen** an. Hier liegt auch das **Universum Science Center** (📖 H 1) und ragt der **Fallturm Bremen** (📖 J 1) in den Himmel.

Walle

Walle war einst ein Dorf mit Rittergut. Gegen Ende des 19. Jh. wandelte es sich in ein Arbeiterviertel, geprägt von Industrie- und Hafenanlagen. Spuren der linken Bremer Arbeitertradition finden Sie auf dem **Waller Friedhof** (📖 B/C 1/2), wo die Toten der Räterepublik ruhen, und in dem **Volkshaus** (📖 D 4, Hans-Böckler-Str. 9/Ecke Auf dem Kamp). Einige der von den Nationalsozialisten zerstörten hoetgerschen Fassadenskulpturen der früheren Gewerkschaftszentrale gestaltete Manfred Lohrengel nach.

St. Magnus und Vegesack

St. Magnus kam 1939 zu Bremen. Den Stadtteil prägen von wohlhabenden Bremern ab dem 19. Jh. an der Lesum erbaute Villen und **Knoops Park.** In **Vegesack** legte Bremen 1619 den ersten künstlichen Hafen Deutschlands an. Seit den Werftschließungen (A.G. Weser 1983, Bremer Vulkan 1996) erlebte der Stadtteil einen Niedergang, von dem er sich noch immer nicht erholt hat (alle: 📖 Karte 4), trotz der netten Weserpromenade.

Augenblicke

Wie Perlen an der Schnur

Ein seltener Moment im Schnoor: Nur wenige Menschen sind in der schmalen Gasse unterwegs, wo sich in den kleinen, alten Häusern Lokale und Läden angesiedelt haben. In Ruhe lässt sich dann beides genießen: die unterschiedlichen Häuschen und das Stöbern in den Lädchen.

Innovative Tradition

Der Blick auf – ›Walfisch‹ oder Ufo? – das Universum Science Center und den Fallturm Bremen, vereint in gewisser Weise gestern, heute und morgen. Ein modernes, interaktives Museum zu Natur und Technik, an einem kleinen Teich gelegen, verbindet in der Interpretation seiner äußeren Form schon Tradition und Innovation. Als ›Walfisch‹ erinnert es vielleicht an Walfänger und Atlantiksegler, und als Ufo steht es wie der Fallturm als Symbol für das Bremen, das ins Weltall strebt.

Am Strand beim Café Sand

Entspannt und mitten in der Stadt – hier am Weserstrand trifft sich Jung und Alt, wird gespielt, getobt, geschaut. Beliebt, bequem und ganz besonders ist die kleine Sielwall-fähre, die von der Innenstadtseite Am Tiefer Höhe Sielwall hier herüber fährt. Sie transportiert Kind und Kegel, respektive Fahrrad. Baden ist hier jedoch nicht ratsam – Strömung!

Ihr Bremen-Kompass

#2

Prachtvolles Zeichen
der Bürgermacht –
das Bremer Rathaus

#3

Hinauf in den Himmel,
hinab ins Grab –
der St.-Petri-Dom

Prunk trifft auf Politik

VON
MÄUSEN
UND
MUMIEN

#1

Bremens gute Stube –
Am Markt

*Musikanten
türmen sich auf*

WOMIT FANGE ICH AN?

Das DORF, das
durch das
Jahrhundert
fiel

#15

Ausflug ins
Künstlerdorf –
Worpswede

BREMERH(E)AVEN

#14

An der Außenweser
– **Bremerhavener
Havenwelten**

LUST AUF BEWEGUNG?

SAUERSTOFF-
NACHSCHUB!

#13

Ausflug ins Grüne –
**Radtour entlang der
Wümme**

#12

Im wahrsten Sinne –
der Bürgerpark

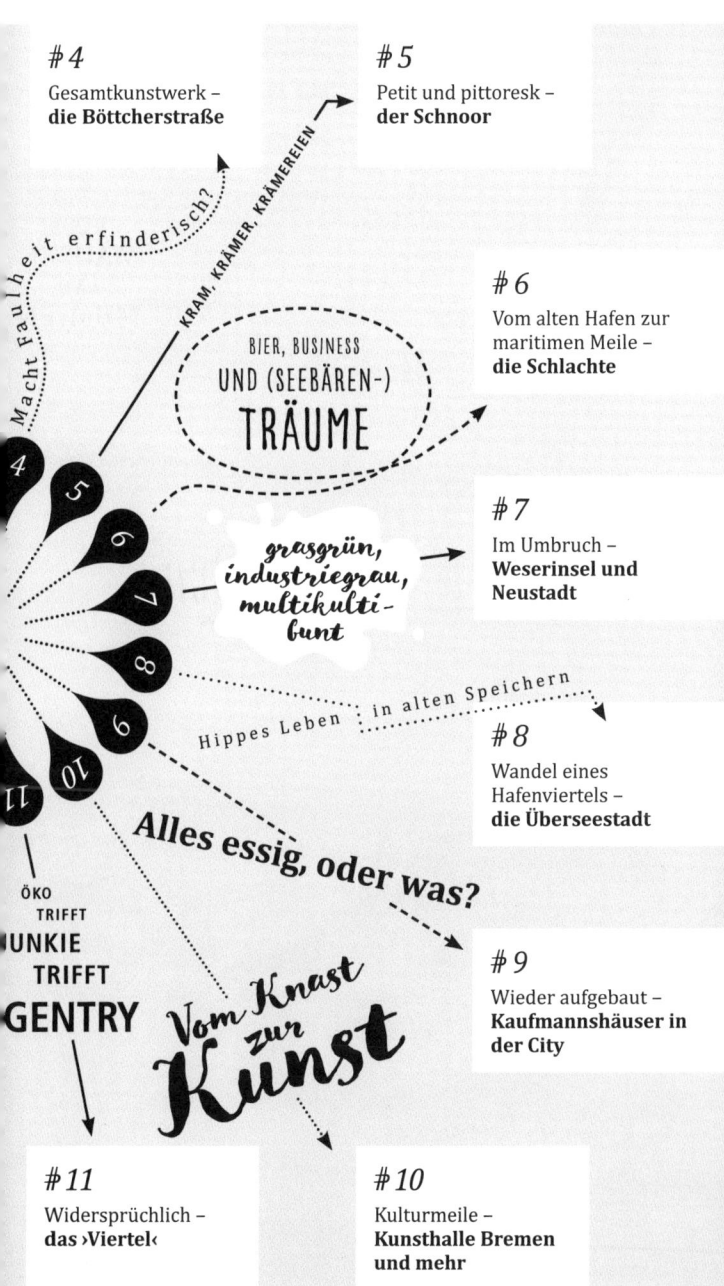

#4
Gesamtkunstwerk –
die Böttcherstraße

#5
Petit und pittoresk –
der Schnoor

Macht Faulheit erfinderisch?

KRAM, KRÄMER, KRÄMEREIEN

BIER, BUSINESS
UND (SEEBÄREN-)
TRÄUME

#6
Vom alten Hafen zur
maritimen Meile –
die Schlachte

grasgrün,
industriegrau,
multikulti-
bunt

#7
Im Umbruch –
**Weserinsel und
Neustadt**

Hippes Leben in alten Speichern

#8
Wandel eines
Hafenviertels –
die Überseestadt

Alles essig, oder was?

ÖKO
TRIFFT
JUNKIE
TRIFFT
GENTRY

Vom Knast
zur
Kunst

#9
Wieder aufgebaut –
**Kaufmannshäuser in
der City**

#11
Widersprüchlich –
das ›Viertel‹

#10
Kulturmeile –
**Kunsthalle Bremen
und mehr**

1

Bremens gute Stube –
Am Markt

Am Markt, so heißt der schönste Platz in Bremen. Hier stehen mit Roland und Rathaus die Bremer Weltkulturerbestätten – und etwas versteckt Bremens wohl bekannteste Repräsentanten, die Stadtmusikanten. Hier ist alles vereint, was das Hanseatentum ausmacht: Freiheit und Demokratie, Handel und Bürgersinn.

Der Schütting gegenüber dem Rathaus ist das einstige Gilde- und Kosthaus der Bremer Kaufmannschaft und heute Sitz der Handelskammer. Das Wort Schütting leitet sich vermutlich ab vom niederdeutschen Verb schütten oder inschütten – was schützen bedeutet.

Der Marktplatz, auf dem kein Wochenmarkt mehr stattfindet, aber ein kleiner Freimarkt (wenn man so will: die Bremer Kirmesvariante) und der Weihnachtsmarkt, geht auf den Beginn des 15. Jh. zurück. Hier wurde gehandelt und gefeilscht, unter den Rathausarkaden Recht gesprochen, und am Pranger, dem sogenannten Kaak, wurden Verbrecher zur Schau gestellt. Rund um den Marktplatz entstanden prächtige Bauten, typisch sind die Giebelhäuser. Mehrfach erfuhr er – freiwillige und unfreiwillige, sprich Kriegszerstörungen geschuldete – Umgestaltungen. Das mit Sandsteinplatten in die Pflasterung gelegte **Hanseatenkreuz** 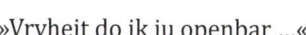 von 1863 erinnert an die Hanseatische Legion, die 1813–15 gegen die französische Besetzung kämpfte.

Ein erster Rundblick

Für einen Überblick stellen Sie sich am besten in die Mitte des Hanseatenkreuzes. **Rathaus** (▸ S. 24) und **Roland** (s. u.), beide UNESCO-Weltkulturerbe, dominieren den Platz. Dem Rathaus gegenüber steht stolz der **Schütting** (▸ S. 22). Der **Sparkassenbau** **2** an der Südwestecke ist ein Gebäude von 1957/58 hinter einer Rokokofassade von 1758. Die Sparkasse nutzt ihn nicht mehr, zukünftige Nutzung noch offen (Juni 2022). Weiter an der Westseite folgt die **Rathsapotheke** **3** von 1896. Beim Bau des **Deutschen Hauses** **4** Ecke Obernstraße 1909 wurden Teile älterer Häuser aus der Altstadt verwendet. An der Ostseite steht das **Haus der Bürgerschaft** (s. u.). Zwischen Bürgerschaft und Rathaus fällt der Blick auf den **Dom** (▸ S. 28).

»Vryheit do ik ju openbar ...«

1366 sollen Leute Erzbischof Alberts II. den ersten, hölzernen Roland der Stadt zerstört haben. Der heutige **Bremer Roland** **5** aus Sandstein, vor dem Rathaus gen Dom blickend, entstand 1404. Mit Sockel und Pfeiler (Letzterer aus Kalkstein) misst er 10,21 m in der Höhe. Sein Schild zeigt das kaiserliche Wappen, den Doppeladler, und eine Inschrift, die ihn zum Verkünder kaiserlicher Privilegien macht (die die Stadt aber erst später erhielt). Ins Hochdeutsche übersetzt steht dort: »Freiheit verkünde ich Euch, die Karl und manch Fürst fürwahr, dieser Stätte gegeben hat, das dankt Gott, ist mein Rat«. Der Roland steht für Bürgerfreiheit, Marktrecht und Freiheit von erzbischöflicher Bevormundung. Er gilt als Symbol für den Willen der Bremer Bürger, die Selbstständigkeit Bremens zu bewahren, denn die Legende sagt, dass Bremen so lange frei bleibt, wie der Roland steht – warten wir es ab.

Auch auf der Suche nach Freiheit

Das Märchen der Gebrüder Grimm von den **Bremer Stadtmusikanten** **6** wurde selbst ins Japanische und Chinesische übersetzt. Obwohl Esel, Hund, Katze und Hahn die Hansestadt nie erreichten, sind sie doch eines ihrer Wahrzeichen geworden. Sie stehen für Unternehmungsgeist und – ebenfalls –

Bremer Roland

Wussten Sie, dass der Roland, genauer seine Knie, als Maß in der Raumfahrt dienen – **LMR** = Length Measurement Roland? Nein? Ist auch besser so, war ein Aprilscherz der Bremer Touristikzentrale. Relativ gesichert hingegen ist, dass der Abstand zwischen den ›spitzen‹ Knien des Roland den Marktleuten einst zum Abmessen von Stoff diente: die **Bremer Elle** (ca. 55 cm).
Die kleine Figur zwischen den Füßen des **Roland** soll jenen Krüppel darstellen, der – so die Legende – das Areal des Bürgerparks bzw. der Bürgerweide (▸ S. 62) festlegte.

Nie angekommen und doch da – die Bremer Stadtmusikanten

für Freiheit. Nur folgerichtig, dass der Bildhauer Gerhard Marcks sie 1951 in Bronze gießen ließ. Die Skulptur steht an der nordwestlichen Ecke des Alten Rathauses. Fassen Sie den Esel an beiden (!) Vorderläufen an, reiben Sie diese und wünschen Sie sich etwas. Ihr Wunsch soll in Erfüllung gehen.

»Buten un Binnen, Wagen un Winnen«

Vis-à-vis dem Rathaus betont der **Schütting** 7, das Haus der Bremer Kaufmannschaft, Stellung und Wohlstand der Kaufleute in Bremen. Über dem um die Wende zum 19. Jh. ergänzten neubarocken Portal mit Freitreppe steht der Wahlspruch der Bremer Kaufleute: »Buten un Binnen, Wagen un Winnen« (draußen wie drinnen, wagen und gewinnen). Der heutige Sitz der Handelskammer (und des Clubs zu Bremen) wurde 1537/38 als Gildehaus der Bremer Kaufmannschaft im Auftrag der Elterleute, der Sprecher der Kaufmannschaft, erbaut. Nach dem Krieg wurde der Schütting innerhalb seiner alten Außenmauern wieder aufgebaut, sein Dach weitgehend mit Sollinger Platten (aus Rotsandstein) eingedeckt. 2009 konnte eine aufwendige Sanierung der Fassade und die Erneuerung des Daches – es erhielt seine kleinen Giebel zurück und wurde wieder komplett mit Kupfer eingedeckt – abgeschlossen werden.

Jeder wär so gern Stadtmusikant in Bremen.

Haus der Bürgerschaft und Bremer Löcher

Dort wo einst die neugotische Börse stand, errichtete man 1963–66 nach Plänen Wassilij Luckhardts das Parlament des Landes Bremen, die **Bürgerschaft** 8. Die Struktur der glasverkleideten Fassaden greift die Architektur der übrigen Gebäude am Marktplatz auf. Im angrenzenden **Skulpturengarten** stehen Arbeiten von Gerhard Marcks aus den 1960er-Jahren.

Bremen ist immer wieder Haushaltsnotlage-Land – und so fällt es schwer, die Löcher in der Stadt-respektive Landeskasse zu stopfen. Ein Schelm, der Böses dabei denkt, dass sich just südlich neben der Bürgerschaft im Straßenpflaster das **Bremer Loch** 9 befindet – eine Spendenbüchse. Nicht für Parlament oder Senat, sondern zugunsten der Wilhelm-Kaisen-Bürgerhilfe wird hier gesammelt. Werfen Sie eine Münze durch den Schlitz, so ertönen die Laute der Bremer Stadtmusikanten.

Stopfen Sie die Löcher in der Finanzierung von Hilfsprojekten – die Stadtmusikanten danken es Ihnen sofort.

INFOS/ÖFFNUNGSZEITEN

Haus der Bürgerschaft, Skulpturen-garten 8 : Am Markt 20, T 0421 36 11 24 71, www.bremische-buergerschaft. de, Bürgerschaft n. V., Garten Mo–Do 8–19, Fr 8–18 Uhr, Eintritt frei

Unser Lieben Frauen 10 : Liebfrauen-kirchhof, Mo–Sa 11–16, So 12–13 Uhr, Eintritt frei

KULINARISCHES FÜR ZWISCHENDRIN

Diverse Lokale bieten hier auch Außen-plätze. Alteingesessen: die bekannte, kleine **Raths-Konditorei** 1 (Am Markt 11, tgl. 10–18 Uhr), in die Sie hinabsteigen müssen. Vom Viertel an den Marktplatz: Ab September 2022 bietet das italienische Lokal **Due Fratelli** im Schütting 7 seine Speisen an (Am Markt 13, T 0421 67 35 28 17, www.due-fratelli.de, Mo–Sa 11.30–15, 18–24 Uhr, €€–€€€, mittags auch günstigere Gerichte).

BREMER SCHOKOLADE

Das Deutsche Haus (Am Markt 1, Eingang Obernstraße) birgt mit der Stoevesandt-Diele ein herrliches Ladenlokal im Biedermeierstil mit Holzschnitzwerk und viel Glas. Hier verkauft die Bremer Traditionsfirma (heute allerdings in dänischem Besitz) **Chocolatier Hachez** 1 (Mo–Fr 10–18.30, Sa 10–18 Uhr) ihre exquisiten Schokoladen – und natürlich Bremer Kluten, schwarz-weiße Bonschen (Bonbons) aus einer Pfefferminz-Zuckermasse, halb mit schwarzer Schokolade überzogen.

Cityplan: Karte 2, E 5/6 | **Tram** 2, 3, 4, 6, 8 Domsheide, 2, 3 Obernstraße

→ UM DIE ECKE

Es lebe die Freiheit! Die **Kirche Unser Lieben Frauen** 10 oder Liebfrauenkirche wurde zunächst aus Holz, im 11. Jh. dann aus Stein errichtet. Sie ist die erste Bremer Kirche außerhalb des Dombezirks und die zweitälteste der Stadt. Die heutige frühgotische, dreischiffige Hallenkirche wurde um 1230 als Kirche des Rates erbaut – und ist ein Zeichen für die Unabhängigkeit der Bremer von bischöflicher Macht. Vom romanischen Vorgängerbau (11. Jh.) blieben Krypta und Südturm erhalten. Beeindruckend ist das Lichtspiel der ab 1966 nach Entwürfen von Alfred Manessier von Glaskünstlern aus Chartres geschaffenen Fenster. Relikte der prächtigen Innenausstattung sind die aus Holz geschnitzte Kanzel von 1706 und das Epitaph Dietrich von Bürens (gest. 1686).

Prachtvolles Zeichen der Bürgermacht – das Bremer Rathaus

Bremen ist zu Recht stolz auf sein Rathaus, das außen wie innen wohl zu den schönsten Rathäusern Deutschlands zählt. Ob es sein von der Weserrenaissance-Fassade geprägtes Äußeres ist, die Obere Rathaushalle und die Güldenkammer im Inneren – oder Deutschlands ältester Weinkeller im Untergrund.

Hinter dieser barocken Schnitzkunst, vor der ein Orloogschiff Segel gesetzt hat, verbirgt sich ein weiterer Schatz des Rathauses – die Güldenkammer, ein reines Jugendstilkleinod, das Heinrich Vogeler Anfang des 20. Jh. gestaltete.

Wie der Roland zählt das **Bremer Rathaus** 1 seit 2004 zum UNESCO-Weltkulturerbe. Der spätgotische Backsteinbau von 1405–07/10 wurde 1596–1616 nach Plänen Lüder von Bentheims umgebaut. Seither besticht das Rathaus zum Markt hin mit seiner beeindruckenden **Fassade.** Sie erhebt sich über den elf Arkaden des früheren Baus – prägend sind der zweigeschossige Vorbau, in dem sich die Güldenkammer verbirgt, mit seinem Haupt- und zwei kleineren Giebeln. Ungewohnt ist seit 2016 das Dach, das neue Kupferplatten erhielt und daher für die nächsten Jahrzehnte seiner grünen Patina verlustig ging.

Von Tugenden, Propheten und einer Gluckhenne

Schauen Sie sich die mit Bildmotiven verzierte Fassade genauer an. Über den Arkaden etwa zeigt ein Fries Figuren, die die Sternzeichen und Kardinaltugenden darstellen. Und auch die Arkaden wurden ausgestaltet. Mit einer Legende zur Stadtgründung verbunden ist die ›Gluckhenne‹ an der dritten Säule des zweiten Bogens im rechten Zwickel. Fischer, die eine neue Heimat suchten, sollen auf einer Düne am Weserufer eine Henne gesichtet haben, die dort ein Nest für ihre Küken scharrte. Da dachten sie wohl, wo die Henne sich sicher fühlt, werden auch wir zu Hause sein können. So die bekannteste Deutung. Doch ursprünglich symbolisiert sie die schützende Henne, die ihren Küken – so wie der Rat den Bürgern – Schutz bietet. Die Gruppe gegenüber, Hahn und Hund, steht für Wachsamkeit.

An der Fassade erblicken Sie des Weiteren acht gotische Sandsteinfiguren (Originale im Focke-Museum). Sie zeigen von links nach rechts den Kaiser und dann die sieben Kurfürsten – von Mainz, Trier, Köln, Böhmen (König), der Pfalz, Sachsen und Brandenburg. Auch an der West- und der Ostseite finden sich Sandsteinskulpturen, seit dem 17. Jh. mit den Namen von Gelehrten der Antike bezeichnet, obwohl sie ursprünglich Propheten des Alten Testaments darstellen sollten.

Handel, Gerechtigkeit und Politik

Im Inneren (nur mit Führung) hat die **Untere Rathaushalle** ihre schlichte gotische Gestaltung bewahrt. Früher wurde hier gehandelt und gerichtet. Im Obergeschoss beeindrucken prächtige Säle im Stil von Renaissance und Barock die Besucher. Die **Obere Rathaushalle,** 40 m lang, 13 m breit und 8 m hoch, war über Jahrhunderte das politische Herz der Stadt: Hier tagte der Rat. Heute wird der Saal für kulturelle Veranstaltungen, große Dinner – etwa die Schaffermahlzeit – und Empfänge genutzt. Wertvolle Kronleuchter, vier Modelle von mit Minikanonen bestückten **Orloogschiffen** (das älteste von 1545) hängen von der bemalten Eichendecke herab. Orloogschiffe sind Kriegsschiffe, die einst die Kaufmannsschiffe zu deren Schutz begleiteten. Früher feuerte man die Kanonen der Schiffsmodelle bei dem einen oder anderen festli-

ÜBRIGENS

Sind die Who is who aus Wirtschaft, Politik, Kultur nur Männer? Lange hätt man's glauben können, schaute man sich die Gästelisten des **Schaffermahls** an, das alljährlich in der Oberen Rathaushalle stattfindet. Aber gaaanz langsam kommt Bewegung in die Sache. Inzwischen werden auch Frauen auf dieser Traditionsveranstaltung, die erstmals 1542 stattfand, gesichtet. Ursprünglich das Abschiedsmahl, das Kaufleute und Reeder ihren Kapitänen zum Winterende ausrichteten, bevor diese auf große Fahrt gingen, heute ein honoriger Treff und eine große Spendenveranstaltung zugunsten des Hauses Seefahrt, das in Not geratene Seeleute und deren Familien unterstützt. Alljährlich kommen mehrere Hunderttausend Euro dabei zusammen. Pandemiebedingt fand das Schaffermahl 2021 und 2022 nicht statt.

»Zum Wohl, prosit!« lautet die Devise des kleinen Bacchus auf dem großen Bacchusfass im Ratskeller. Hoffen wir, dass er trink- bzw. sitzfest ist.

chen Anlass sogar ab – doch das bekam nicht nur den Fenstern nicht immer gut. Einen Blick verdient das alte **Ratsgestühl** und an der linken Wand darüber **»Das Salomonische Urteil«** von 1532. Am anderen Ende der Halle finden sich Karl der Große und Willehad mit einem Modell des Bremer Doms: Symbol für die Gründung des Bremer Bistums. Alte **Portale,** darunter das Löwenportal von 1662 und ein Renaissanceportal von 1550, verbinden die Halle mit dem angrenzenden Neuen Rathaus.

Frühbarock meets Jugendstil

Ein Glanzlicht der Oberen Halle ist die **Güldenkammer.** Sie wurde im Mittelerker in zwei Geschossen aus Holz errichtet und ist ein Meisterwerk frühba-

---

INFOS/ÖFFNUNGSZEITEN

Rathaus **1**: Am Markt 3, nur mit Führung, Mo–Fr 11,12,15, Sa auch 16, So 11, 12 Uhr (Änderungen möglich), Karten: Tourist-Info (BTZ) Böttcherstr. 4, www.bremen-tourismus.de, 7 €, bis 12 Jahre in Begleitung 1 Erw. frei
Ratskeller **2**: Der Ratskeller (www.rats keller.de/kellerfuehrungen/termine) bietet Führungen an, darunter samstags Kurzführungen (Keller kieken, 15 €, Mindestalter 6 Jahre; auch über BTZ buchbar),

Glas Prosecco/Traubensaft inklusive. Zzt. (2022) können Rose- und Apostelkeller nicht besucht werden.

KULINARISCHES FÜR ZWISCHENDRIN

Wer nicht die Gelegenheit nutzen und direkt im Welterbe speisen möchte, der findet rund um und bei schönem Wetter auf dem Marktplatz verschiedene Einkehrmöglichkeiten. Ganz in der Nähe am Liebfrauenkirchhof können Sie testen, welche Bratwurst besser schmeckt, die von **Kiefert** **1** (Mo–Do 7–21, Fr 7–22, Sa 8–22, So 10–21 Uhr, mein persönlicher Favorit) oder die von **Stockhinger** **2** (Mo–Sa 9.30–21.30, So 11–19 Uhr). Direkt nebenan von Kiefert gibt es bei **Minkens** (https:// minkens-bremen.de, Mo–Sa 9–18, So 11–16 Uhr) Kaffee in allen Variationen, Tee, Panini und süße Kleinigkeiten.

FÜR FREUNDE DEUTSCHEN WEINES

Wer Ratskeller-Wein erwerben möchte, kann dies auf der Rückseite des Neuen Rathauses tun, beim **Weinverkauf des Bremer Ratskellers** (Schoppensteel 1, T 0421 33 77 88, www.ratskeller. de, Mo–Fr 9–18, Sa 9.30–15, in der Adventszeit Mo–Fr 9–19, Sa 9.30–18 Uhr).

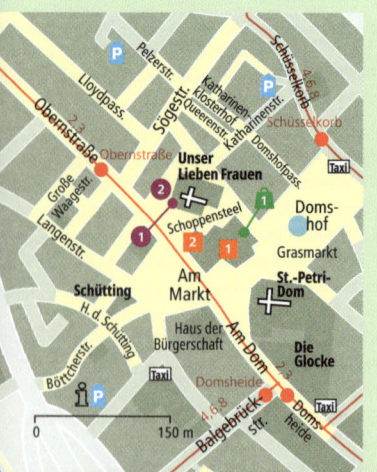

Cityplan: Karte 2, E 5/6 | **Tram** 2, 3, 4, 6, 8 Domsheide, 2, 3 Obernstraße

rocker Schnitzkunst. Das Innere gestaltete Heinrich Vogeler 1903–05 zu einem Gesamtkunstwerk des deutschen Jugendstils: goldgrundige Ledertapeten, Möbel und Kaminverkleidungen. Hauptmotiv sind stilisierte Vögel und Rosen.

Das Neue Rathaus

Nicht nur repräsentativen Zwecken dient das **Neue Rathaus,** 1909–13 errichtet, das sich als Erweiterungsbau an das Alte Rathaus anschließt. Es birgt Festsaal, Kaminsaal, Gobelinzimmer (Fr Trauungen), Senatssaal und den Weißen Salon. Im Hansezimmer residiert der Präsident des Senats und Bürgermeister der Freien Hansestadt Bremen.

Fantasien im Bremer Ratskeller

An der Westseite des Rathauses geht es hinab in den **Ratskeller 2,** dessen Weinlager in Spitzenzeiten 750 000 Flaschen Platz bietet und wo meist 120 000–150 000 Flaschen, traditionell nur deutschen Weines, lagern. Ausgerechnet Bremen besitzt den ältesten Weinkeller Deutschlands. Hier wird seit 1405 Wein ausgeschenkt, und noch heute ist er Restaurant und Wein›stube‹.

Ohne Führung zugänglich ist die gotische **Hauptausschankhalle.** In der Halle fallen links gewaltige **Weinfässer,** das älteste von 1723, ins Auge. Rechts öffnen sich kleine Türen in die sechs **Priölken,** Miniräume, in denen z. B. Kaufleute ihre Verträge machten. Die Türen durften nur geschlossen werden, wenn sich mindestens drei Personen in dem Raum aufhielten.

Mit ein wenig Glück können Sie auch einen Blick in **Bacchus- und Haufkeller** werfen. Der Märchendichter Hauff hielt sich 1823 einige Tage in Bremen auf und ertränkte seinen Liebeskummer im Ratskeller. Im Hauffkeller finden sich Fresken, die Max Slevogt nach Hauffs **»Phantasien im Bremer Ratskeller«** 1927 schuf. Fragen Sie hier auch nach den **Echosäulen** und probieren Sie sie aus!

Wahre Schätze sind **Senats- und Kaiserzimmer** sowie **Apostel- und Rosekeller.** Der Rosekeller birgt ein Fass mit dem ältesten Wein des Ratskellers: dem Rüdesheimer Rosewein (nicht Roséwein) von 1653, in den Apostelfässern lagern Weine von 1727 bis 1784. Diese Bereiche sind wie das **Weinlager** und die **Schatzkammer** nur mit Führung zugänglich.

ÜBRIGENS

Bremen und Wein? Norddeutsche trinken doch Bier? Stimmt zwar, aber dennoch: Der Bremer Ratskeller verfügt bis heute über das größte Angebot deutscher Weine. Hier versteht man Wein längst als Teil des Kulturguts (müssen Sie nun so weinernst nehmen, wie es sich anhört) – aber irgendwie ernst genommen wird es schon. Der Ratskeller hat die Patenschaft für eine Parzelle des berühmten Erdener Treppchens, einer der Grand-Cru-Lagen an der Mittelmosel, übernommen. Damit trägt er zum Erhalt zweier römischer Kelteranlagen bei.

▶ LESESTOFF

»Man steigt vom Keller einige Stufen aufwärts zum kleinen Kellerlein, zum unterirdischen Himmelsgewölbe, zum Sitz der Seligkeit, wo die Zwölfe hausen.« Was meint Wilhelm Hauff damit? Nachzulesen in seinen **Phantasien im Bremer Ratskeller, ein Herbstgeschenk für Freunde des Weines,** die er 1827 veröffentlichte.

3

Hinauf in den Himmel, hinab ins Grab – der St.-Petri-Dom

Auf dem höchsten Punkt der Düne, wo Bremen seinen Anfang nahm, erhebt sich der Bremer Dom. Er überrascht mit Maus und Mumien, mit germanischen Symbolen – und der Erinnerung an den guten Knigge.

Die Geschichte des seit der Reformation evangelisch-lutherischen **St.-Petri-Doms** 1 begann 789 als Holzkirche – geweiht von Bischof Willehad, der im Auftrag Karls des Großen die Sachsen missionieren sollte –, kennt eine über zwei Krypten errichtete dreischiffige romanische Pfeilerbasilika, erfuhr Um- und Erweiterungsbauten ebenso wie Zerstörungen. Seine heutige Gestalt geht auf das 19. Jh. zurück, als er nach Entwürfen Max Salzmanns neu aufgebaut wurde: Die Türme erhielten ihre heutige Höhe, der Vierungsturm wurde errichtet, die Kirche in historisierend-byzantinischem Stil ausgemalt, das Äußere neuromanisch gestaltet. Im

Zu den Füßen des Doms, auf dem Domshof – nicht auf dem ursprünglichen Bremer Marktplatz – findet unter der Woche der größte Bremer Markt statt.

Zweiten Weltkrieg erneut erheblich beschädigt, erfolgte bis 1951 ein weiterer Wiederaufbau.

Annäherung an den Dom

Vom Grasmarkt her nähern Sie sich dem Dom-eingang. Hoch ragen die 98 m hohen **Türme** an der Westfassade auf. An der **Fassade** fallen fünf Steinfiguren ins Auge: die Mittlere mag für Irritation sorgen, ähnelt sie doch Kaiser Wilhelm II. (zur Zeit der Neugestaltung deutscher Kaiser), soll aber Karl den Großen darstellen. Die **Bronzeportale** von 1891 zeigen (links) alt- und (rechts) neutestamentliche Szenen, die nicht frei vom christlichen Antijudaismus Ende des 19. Jh. sind. Die Domgemeinde ist sich dessen bewusst und möchte die Portale als Mahnmal gegen Diskriminierung aus ethnischen und religiösen Gründen verstanden wissen.

Mittelalter, Gotik und mehr – die Kirchenschiffe

Durch das Südportal betreten Sie den dreischiffigen Dom. Im Mittelschiff ist insbesondere die barocke **Kanzel** aus der ersten Hälfte des 17. Jh. sehenswert. Aus Lindenholz geschnitzt, zieren König David und die Evangelisten die Kanzeltreppe, Figuren Abrahams, Moses' und Salomons sowie die Propheten des Alten Testaments die Kanzel selbst. Über allem wacht der auferstandene Christus mit Siegesfahne. Drehen Sie sich um, so fällt Ihr Blick zurück auf die **Westempore.** Deren **Lettnerbrüstung** von der Wende vom 14. zum 15. Jh. wird Bildhauern aus Brabant zugeschrieben. Sie zeigt im Zentrum Bischof Willehad mit Karl dem Großen und einem Modell des Bremer Doms. Auf der Empore steht die gewaltige **Sauer-Orgel** von 1894, darüber leuchtet die neuzeitliche **Westrosette.**

Auffällig ist die unterschiedliche Größe der beiden Seitenschiffe. Während das **Nordschiff** noch die mittelalterlichen Maße aufweist und in seiner dritten Kapelle Seitenwände des **Chorgestühls** aus dem 14. Jh. mit hervorragenden Reliefschnitzereien birgt, wurde das **Südschiff** nach einem Brand im 16. Jh. umgestaltet. Es präsentiert sich als lichte gotische Halle mit filigranem Netzgewölbe.

Vom rechten Querschiff gelangen Sie in das **Dom-Museum.** Es zeigt u. a. die restaurierten Funde aus mittelalterlichen Bischofsgräbern (11.–15. Jh.), die in den 1970er-Jahren entdeckt wurden.

ÜBRIGENS

Hanseaten sind steif? Ein Vorurteil. Aber, liegt nicht Knigge im Dom begraben? Würde doch passen? Das Einzige was stimmt: Ja, in einem Nebenraum des Südquerschiffs erinnert eine Grabplatte an **Adolph Freiherr Knigge,** der von 1790 bis zu seinem Tod 1796 in Bremen wirkte. Aber Knigge ein ›Benimmonkel‹? Er war in bestem Sinne ein deutscher Aufklärer. Ihm ging es um Takt, Höflichkeit, Respekt zwischen Menschen unterschiedlichster Herkunft, unterschiedlichsten Alters – niedergelegt in »**Über den Umgang mit Menschen«.** Passt doch in die heutige Zeit (und zu den Bremern). Die Benimmregeln, die dieses Werk zu *dem* ›Knigge‹ machten, hat der Verlag erst nach Knigges Tod ergänzt.

INFOS/ÖFFNUNGSZEITEN

Dom `1`: www.stpetridom.de, Mo–Sa 10–17, So, Fei 11.30–17 Uhr (außer an manchen Feiertagen und während kirchlicher Handlungen), Eintritt frei.
Dom-Museum `1`: Mo–Fr 10–16.45, Sa 10–13.30, So 14–16.45 Uhr, Eintritt frei
Turmbesteigung `1`: zzt. wegen Pandemie geschl., sonst April/Mai, Okt. Mo–Fr 10–16.30, Sa 10–13.30, So 14–16.30, Juni–Sept. Mo–Fr 10–17.30, Sa 10–13.30, So 14–17.30 Uhr, letzter Einlass 30 Min. vor Schließung, 3/2 €, mit Bleikeller 5/3 €
Bleikeller `2`: Am Dom 1, April–Dez. Mi–So 11–17 Uhr, Eintritt wie Turmbesteigung

Bibelgarten `2`: Am Dom, im ehemaligen Kreuzgang an der Südseite des Doms, Sommer tgl. 10–22 Uhr, Eintritt frei

KULINARISCHES FÜR ZWISCHENDRIN

Vor allem wochentags bei halbwegs gutem Wetter bietet sich eine Pause auf der Terrasse des **Alex** `1` (Am Domshof 16, T 0421 32 26 70, www.dein-alex.de, Mo–Do 8.30–22, Fr/Sa 8.30–23, So 9–22 Uhr, Gerichte €–€€€) an – zwar Systemgastronomie, aber Sie können lange frühstücken (Mo–Sa bis 12, So-Brunch bis 14.30 Uhr, €–€€) und es gibt prima Milchkaffee etc. Hier können Sie entspannt das Treiben auf dem Bremer **Wochenmarkt** (Mo–Fr 8–14, Sa 8–15 Uhr) beobachten. An ihn schließt sich nach Nordwesten zur Kirche Unser Lieben Frauen hin der **Blumenmarkt** `2` an. Im Sommer 2022 fand zudem auf dem Domshof erstmals ein **Feierabendmarkt** (Fr 16–20 Uhr, alle 14 Tage) statt.
Alternativ können Sie Di/Mi 11–19, Do–Sa 11–22 Uhr der **Markthalle Acht** `2` (Domshof 8–12, www.markthalleacht.de) einen Besuch abstatten. Hier bieten Essensstände Gerichte unterschiedlichster Provenienz an. Donnerstags ab 18 Uhr gibt es dazu Livemusik. Im selben Gebäudekomplex befindet sich eine Filiale des Warenhauses **Manufactum** (www.manufactum.de, Mo–Sa 10–19 Uhr, mit Bistro).

Cityplan: Karte 2, E 5/6 | **Tram 2, 3, 4, 6, 8** Domsheide, **2, 3** Obernstraße

Geschichte von der Maus

Gehen Sie im Hauptschiff die Stufen zum Hochchor hinauf und wendet sich dort zum rechten Rundportal, so finden Sie an seinem linken Fuß eine kleine, steinerne **Maus.** Lange hieß es, sie sei eine Schnurre, ein Erkennungszeichen eines am Dombau beteiligten Handwerkers. Doch die Maus, im Mittelalter Symbol für die Mächte der Finsternis, sollte Letztere daran hindern, die Kirche zu betreten: Das Portal und sein Pendant gegenüber sind wohl alte Eingangstüren des Doms, die im 13. Jh. hierher verbracht wurden.

Germanische Symbole und eine Orgel

Die **Ostkrypta** des Doms geht auf das 11. Jh. zurück. An den vier romanischen **Kapitellen** im Altarbereich finden Sie neben Blüten und Blumen auch germanische Symbole wie Midgartschlange oder Fenrisswolf. Die **Grabplatte** (1939) erinnert an Erzbischof Adalbert (1043–72). Im Eingangsbereich des Doms geht es in die 1066 geweihte romanische **Westkrypta,** den ältesten Bau Bremens. Sie birgt einige der bedeutendsten Kunstwerke des Bremer Doms: das bronzene **Taufbecken** (um 1229), ein **Steinrelief** des 11./12. Jh. und eine **Silbermann-Orgel** (18. Jh.).

Hinauf in den Himmel, hinab ins Grab

Über eine 265-stufige enge Wendeltreppe gelangen Sie vorbei am Glockenstuhl zur **Aussichtsplattform des Südturms.** Bei gutem Wetter bietet sich von dort oben eine schöne Sicht über die Innenstadt.

Der **Bleikeller** 2 (Eingang Bibelgarten) birgt acht mumifizierte Leichname aus der Ostkrypta. Sie mumifizierten, weil dort früher Blei gelagert wurde, das man – in Plattenform gebracht – zur Eindeckung des Doms verwendete.

→ UM DIE ECKE

Augen auf und nach unten blicken, dann entdecken Sie auf dem **Domshof,** dem größten und von monumentalen Gebäuden umstandenen Platz der Bremer Altstadt, 20 m vor dem Brautportal des Doms einen nur durch ein Kreuz kenntlich gemachten, ins Pflaster eingelassenen Stein: den **Spuckstein** 3. Er erinnert an die letzte öffentliche Hinrichtung, die hier stattfand – die Enthauptung der Giftmischerin Gesche Gottfried 1831. Über lange Zeit spuckten die Bremer als Ausdruck ihres Abscheus auf den Stein. Warum sie 15 Menschen, darunter zwei ihrer Ehemänner, ihre Eltern, Kinder, ihren Bruder etc. mit Arsenik ermordete und weiteren nicht-tödliche Dosen des Giftes verabreichte, ist bis heute ungeklärt. Rainer Werner Fassbinder hat mit seiner »Bremer Freiheit« (1971), einem 1972 von ihm selbst verfilmten Theaterstück, eine Interpretation der Geschehnisse geliefert.

FEGER

Steht ein (junger) Mann auf der Domtreppe und fegt und fegt und fegt … oder eine junge Frau putzt und putzt Klinken – die Türklinken des Doms. Dabei beobachtet von einer Gruppe von Leuten: Familie, Freunde, Unbeteiligte. Wird ein Junggeselle/eine Junggesellin 30, ist das Fegen Pflicht, auch wenn sich heute manch einer dieser entzieht. Nimmt er sie aber wahr, muss er ausharren und fegen, fegen, fegen – bis ein Mädchen ihn küsst. Und ein Mädel von 30, das noch nicht in festen Händen ist, putzt und putzt die Klinken – bis ein junger Kerl es per Kuss erlöst.

Gesamtkunstwerk –
die Böttcherstraße

Zum Bummeln lädt die Böttcherstraße ein, ein weitgehend in Backstein ausgeführtes architektonisch-skulpturales Gesamtkunstwerk und Kunsthandwerksparadies, untrennbar verbunden mit den Namen Ludwig Roselius und Bernhard Hoetger. Hier befindet sich auch das Paula-Modersohn-Becker-Museum.

Die Böttcherstraße, eine nur gut 100 m lange Fußgängergasse, führt vom Marktplatz zur Martinistraße, Richtung Weser. Vermutlich wurden hier im Mittelalter Schiffe gebaut, denn für 1317 ist die Straße als Hellinchstrate (Hellingstraße, Helling = Werft) belegt. Später wurde sie in Bodekerstrate (Böttcherstraße) umbenannt. Böttcher fertigten hier Fässer, die für den Warentransport benötigt wurden. Im Verlauf der zweiten Hälfte des 19. Jh. folgte im Zuge der Hafenverlagerung der Niedergang.

Roselius als Mäzen

Die heutige Böttcherstraße verdankt die Stadt dem Bremer Kaffeekaufmann und großen Mä-

Der Blick geht nach oben zu einem kleinen Backstein(halb)rund, das zwischen dem Haus des Glockenspiels und dem Roselius-Haus ab und an sein Geheimnis preisgibt – ein Teil der Wand schwingt zur Seite – und die Erinnerung an Pioniere der See- und Luftfahrt wird wach.

zen, dem Erfinder des koffeinfreien Kaffees (Kaffee HAG), Ludwig Roselius (1874–1943). 1902 erwarb er hier das heutige **Roselius-Haus** (▶ S. 34) von 1588, alle übrigen Häuser stammen aus den Jahren 1922–31. Roselius wollte nach dem Ersten Weltkrieg mit der Gasse als Gesamtkunstwerk ein Zeichen setzen: mit Rückgriff auf Vergangenes in die Zukunft weisen. Mit dem Aufbau beauftragte er als Hauptarchitekten Alfred Runge, Eduard Scotland, Carl Eduard Eeg sowie den Allrounder und Bildhauer Bernhard Hoetger. So finden sich hier historisierende und – dank Hoetger – expressionistisch-avantgardistische Elemente vereint. Zwar wurde die Straße 1944 stark zerstört, doch 1954 standen zumindest die Fassaden wieder so, wie sie vor dem Krieg ausgesehen hatten.

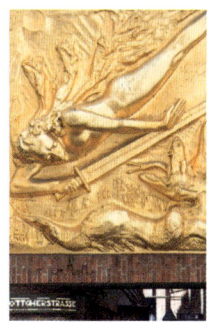

Gülden glänzt »Der Lichtbringer« über dem Eingang zur Böttcherstraße. Leider war Hoetgers Intention, als er das Relief schuf, nicht goldglänzend, sondern braundumpf.

Ein Versuch der Anbiederung

Vom Markt kommend, markiert Hoetgers strahlend-goldenes Relief **»Der Lichtbringer«** **1** (1936) den Beginn der Böttcherstraße. Es zeigt den hl. Michael als Drachentöter, was Hoetger damals als »Sieg unseres Führers über die Mächte der Finsternis« verstanden wissen wollte. Doch Hitler lehnte die Architektur der Straße als ein Werk, das von Unkenntnis des Nationalsozialismus zeuge, ab. Hoetgers Arbeit galt nun als ›entartet‹. 1943 flüchtete er in die Schweiz.

Roselius, Paula und Hoetger

Dahinter erstreckt sich rechts das **HAG- oder Sieben-Faulen-Haus** **2** (Runge & Scotland, 1924–27) mit Arkaden und Treppengiebeln, auf denen Skulpturen der Sieben Faulen (s. u.) zu entdecken sind.

Das **Paula-Becker-Modersohn-Haus** gegenüber konzipierte Hoetger 1926/27. Im Innenhof stehen einige seiner Plastiken. Das Gebäude selbst birgt das **Paula-Modersohn-Becker-Museum** **3**. Roselius hatte das Haus für seine Werksammlung der 1907 jung verstorbenen Worpsweder Malerin bauen lassen. Der mit Paula befreundete Hoetger errichtete es in expressionistischem Stil. Das weltweit erste einer Malerin gewidmete Museum zeigt Gemälde, Zeichnungen und Grafiken der Künstlerin sowie die umfangreichste Sammlung an Skulpturen, Gemälden und Zeichnungen Hoetgers. Paula Modersohn-Becker, die erst nach

Paula-Modersohn-Becker-Museum im Paula Becker-Modersohn-Haus? Es gibt eine Erklärung. Bekannt ist die große Künstlerin gemeinhin als **Paula Modersohn-Becker** – ihr eigener Name hintan gestellt. Doch Roselius sah vor allem die Künstlerin Paula Becker, die erst nach ihrer Heirat mit Otto Modersohn einen Doppelnamen führte. Um dies zu betonen, setzte er ihren Mädchennamen voran. So ist das Paula-Modersohn-Becker-Museum im Paula-Becker-Modersohn-Haus.

ihrem Tod gebührende Würdigung erfuhr, gilt als Wegbereiterin der Moderne in der Kunst.

Direkt (Durchgang) mit diesem Gebäude verbunden ist das Roselius-Haus mit dem **Ludwig Roselius Museum** 4. Roselius hatte sich 1902 überreden lassen, das Renaissance-Haus, dessen Grundmauern ins 14. Jh. datiert werden, zu erwerben. 1928 ließ er es von Eeg umbauen und als Museum einrichten. Das Museum spiegelt den Wohnstil der Bremer Kaufleute wider. Roselius trug eine enorme Sammlung an Möbeln, Fayencen, Gläsern, Holzskulpturen und Gemälden zu-

---

INFOS/ÖFFNUNGSZEITEN

www.boettcherstrasse.de
Museen Böttcherstraße: Paula Modersohn-Becker-Museum 3, Ludwig Roselius Museum 4, Böttcherstr. 6–10,

T 0421 338 82 22, www.museen-boettcherstrasse.de, Di–So 11–18 Uhr, Sonderzeiten (Fei) s. Website, 12/8 €, bis 17 Jahre Eintritt frei
Glockenspiel/Tafeln der Ozeanbezwinger 6: Haus des Glockenspiels, tgl. Jan.–März 12, 15, 18, April–Dez. 12–18 Uhr jede Std. (nicht bei Frost)
Himmelssaal 10: Böttcherstr. 1, ggf. im Radisson Blu Hotel (T 0421 36 96-0) fragen, sonst: Böttcherstraßen-Führung.

KULINARISCHES FÜR ZWISCHENDRIN

Im **Weinkontor & Café** 1 (Böttcherstr. 5, T 0421 339 94 99, www.atlantic-hotels.de/grand-hotel-bremen-innenstadt/weinkontor, Di–Sa 14–20 Uhr) können Sie Wein, Kaffee und Tee genießen – auch draußen unter den Arkaden.

SOUVENIRS

Bremensien, Kunsthandwerk, Tee, Süßes? Hier reihen sich die Lädchen, etwa am bzw. im **Handwerkerhof** 5 die **Bremer Seifenwerkstatt** (Mo–Fr 11–18.30, Sa 11–18, So 11–16 Uhr), die **Bremer Bonbon Manufaktur** (www.bremer-bonbon-manufaktur.de, tgl. 11–17, 24.12., 31.12. 10–14 Uhr, Weihnachten, Neujahr geschl.) und die **Glasmanufaktur Borgardt** (T 0421 89 77 96 86, Di–Sa 12–18 Uhr; mehr dazu: ► S. 100) aus der Neustadt.

Cityplan: Karte 2, E 5/6 | **Tram** 2, 3, 4, 6, 8 Domsheide, 2, 3 Obernstraße

Im Handwerkerhof erinnert ein Brunnen daran, dass Faulheit erfinderisch macht …

sammen, darunter Arbeiten von Tilman Riemenschneider (16. Jh.) und den Cranachs.

Lob der Faulheit

Der **Handwerkerhof** 5 birgt Kunsthandwerksläden- und -werkstätten sowie Hoetgers **Sieben-Faulen-Brunnen.** Er illustriert eine Sage, von Friedrich Wagenfeld (1810–46) niedergeschrieben, die erzählt, dass Faulheit erfinderisch macht: Sieben als faul verschriene Bremer Brüder fanden in ihrer Heimatstadt keine Arbeit und zogen deshalb in die Welt hinaus. Zurückgekehrt führten sie bequeme Neuerungen ein: bohrten einen Brunnen, um nicht Wasser aus der Weser heranschaffen zu müssen, pflanzten Bäume, um nicht im Wald Holz schlagen zu müssen usw. Aber auch das wurde ihnen als Faulheit ausgelegt – manchmal braucht der Mensch halt länger, den Sinn von Innovationen zu erkennen, Erfindergeist wertzuschätzen …

Glockenspiel und Ozeanbezwinger

Es folgt, leicht zurückversetzt, das **Haus des Glockenspiels** 6, 1922–24 von Runge & Scotland für die Bremen-Amerika-Bank umgebaut. Zum Klang eines **Meißener Glockenspiels** dreht sich das Mittelstück des halbrunden Eckturms und Hoetgers zehn holzgeschnitzte und bemalte **Tafeln der Ozeanbezwinger** erscheinen. Sie zeigen See- und Luftfahrer von Erikson und Kolumbus bis Lindbergh und Eckener. Im **Hoetgerhof** 7 finden sich weitere Arbeiten des Bildhauers.

Robinson Crusoe und Bremen

Gegenüber dem Haus des Glockenspiels steht das **Haus St. Petrus** 8, von Runge & Scotland als Haus der Gastronomie erbaut – und heute noch entsprechend genutzt. Daran grenzt das **Robin-**

Lust auf einen **Sluk ut de Lamp** (Kräuterschnaps)? Den gibt's im **Spitzen Gebel** 12 (Hinter dem Schütting 4, T 0421 330 68 98, www.spitzen-gebel.de, Mo–Fr ab 12, Sa ab 11 Uhr, open end, So nur bei Heimspiel von Werder Bremen), dem letzten erhaltenen mittelalterlichen Bürgerhaus Bremens (entstanden um 1400). Die heutige Kneipe (hier dürfen Sie rauchen, also gibt's nichts zu essen) diente ab 1913 den Klavierträgern als Bürohaus – und die durften während der Arbeit bzw. auch während Wartezeiten nicht trinken. Gewitzt wie sie waren, funktionierten sie eine Laterne zur Flasche um …

Angekommen in himm-lischen Gefilden – die Decke im Himmelssaal

son-Crusoe-Haus 9 . Wohl jeder kennt Daniel Defoes Roman »Robinson Crusoe«. 1719 schuf der Kaufmann und Schriftsteller die Figur des Robinson Kreutzner (Crusoe), Sohn eines in England lebenden Bremer Kaufmanns. Für Roselius stand Robinson für hanseatischen Pioniergeist und so trägt das Haus dessen Namen. Im Parterre, einst Präsentations- und Probierraum für Kaba (wie HAG ein Roselius-Produkt) gibt es heute wieder Kaffee.

Heikle Utopie

Durch einen Torbogen verbunden liegt gegenüber Hoetgers **Haus Atlantis** 10 (1931). Der Name verweist auf die Intention des Künstlers: Das Haus stellt eine in Architektur gegossene Atlantis-Utopie dar, Ausdruck der politisch heiklen Seiten Roselius'. Er wollte Anhängern einer Germanenkultur, die Atlantis mit Helgoland verbanden (Arier als Atlanter), Räume zur Verfügung stellen. Dennoch gelten **Treppenhaus** und der **Himmelssaal** im Obergeschoss als einer der Höhepunkte der deutschen Architektur der Zwischenkriegszeit: Glasbausteine und Stahlbeton sind die prägnanten Baumaterialien. Der Himmelssaal ist in Blau und Weiß gehalten, die gewölbte Decke mit Glasbausteinen in diesen Farben gestaltet – besuchen Sie den Saal bei Sonne, dann entwickelt sich ein herrliches Lichterspiel. 1965 gestaltete Mataré die Fassade des Hauses, das heute ein Hotel birgt, neu.

Somit finden sich am Anfang und am Ende der Böttcherstraße jeweils Objekte, die auch etwas über die Irrwege des großen Mäzens Ludwig Roselius und des großartigen ›Allrounders‹ Bernhard Hoetger verraten.

Hier geht's in den Himmel(ssaal).

→ UM DIE ECKE

In der kleinen Gasse Hinter dem Schütting steht Bernd Altensteins **»Fietje Balge«** 11 . Die Skulptur erinnert an die See- und die armen Leute des Balgeviertels. Die Balge, ein Weser-Nebenarm, wurde im 17. Jh. zunächst kanalisiert und dann zugeschüttet. In der Straße Stintbrücke, in der Wachtstaße, quer über die Balgebrückstraße und im Schnoor-Viertel deuten **Pflastersteine** ihren einstigen Verlauf an. Im Mittelalter war sie Bremens erster Weserhafen.

Petit und pittoresk –
der Schnoor

5

Winzige Häuschen reihen sich wie Perlen an der Schnur, bergen Galerien, Kunsthandwerks- und Antiquitätenläden, Cafés und Restaurants. Das älteste Stadtviertel Bremens, einst das Zuhause von Seeleuten, Fischern und Handwerkern, die im Bereich des Balge-Hafens lebten, lädt heute zum Bummeln und Stöbern ein.

Das Stöbern in den unzähligen Lädchen überlasse ich Ihnen selbst, denn ob der Vielfalt an Kuriosem und Schönem geht vielleicht das Augenmerk für Geschichte und Geschichten verloren – und die sind es allemal wert, erzählt zu werden.

Katholiken und Juden
Von der Balgebrückstraße aus führen Stufen hinab ins Schnoor-Viertel zu **St. Johann** ▮1▮. Die backsteinerne Hallenkirche ist der einzige im reinen hochgotischen Stil erhaltene Sakralbau Bremens. Ursprünglich Kirche eines Franziskanerklosters, was

Zeit zum Bummeln und Schauen, den Blick aufs Detail richten, auf die Häuschen, Lädchen – auch jenseits der Hauptgasse Schnoor wie hier in der schon lange nicht mehr Wüsten Stätte.

INFOS/ÖFFNUNGSZEITEN

www.bremen-schnoor.de
Propsteikirche St. Johann **1**: Hohe
Str. 2, zzt. tgl. 10/12–17 Uhr
Lagom **2**: Lange Wieren 12, Instagram
(lagom.bremen), Di–So 10–18 Uhr
Läden: im Allgemeinen Mo–Sa
11–18 Uhr, teils auch So
Gasthof zum Kaiser Friedrich **1**:
Lange Wieren 13, T 0421 32 64 29,
www.kaiserfriedrich.de, Mo 16–23 (Kü-
che 17.30–21.30), Di–Sa 12–23 (Küche
12–15, 17.30–21) Uhr, Gerichte €–€€€
Café Tölke **2**: Schnoor 23a, T 0421 32
43 30, tgl. 10–19.30 Uhr
Katzen-Café **3**: Schnoor 38; ▶ S. 94

KULINARISCHES FÜR ZWISCHENDRIN

Im **Teestübchen im Schnoor** **4**
(Wüste Stätte 1, T 0421 32 38 67, www.

teestuebchen-schnoor.de, tgl. 10–18 Uhr)
geht es um mehr als Tee. Das Café und
Restaurant legt Wert auf regionale und
ökologische Produkte (Flammkuchen €,
Labskaus €€). Vor allem norddeutsch
speisen Sie hinter der Rokokofassade (um
1700) des Gasthofs **Kleiner Olymp** **5**
(Hinter der Holzpforte 20, T 0421 32
66 67, www.kleiner-olymp.de, tgl.
16–23 Uhr, Hauptgerichte €–€€). Sein
Name verweist auf den Film »Die Kinder
des Olymp« (1943).

NICHT NUR FOTOGRAFENTRÄUME

In Phil Porters **Schnoor One** 🛍
(Schnoor 1, Di–Do 11–18 Uhr; ▶ S. 101)
werden Sie in eine Welt zwischen
Träumen und Realität entführt. Der
künstlerische Tausendsassa lädt sie hier
auf kleinem Raum ein in sein Reich.

die schlichte Gestaltung erklärt, dient die 1689–1748 von den Hugenotten genutzte Kirche seit 1823 der katholischen Gemeinde als Gotteshaus.

In der Straße Lange Wieren (*wieren* = Draht), hat Marie Pischner im ehemaligen Lädchen Schnoorkrämerei & Schiffsproviant ihr **Lagom** `2` eröffnet – mit nordischer Küche und Kunst (unbedingt reinschauen, schon die kleinen Räume sind sehenswert). Ein Stück weiter, in der Kolpingstraße 1c, liegt seit 2002 das katholische **Birgittenkloster** `3`, seit der Reformation der erste Schwesternkonvent in Bremen. Am Haus Kolpingstraße 4 (früher Gartenstr. 6) erinnert eine Gedenktafel an die **Synagoge** `4`, die in der Reichspogromnacht 1938 geplündert und in Brand gesteckt wurde, wobei fünf Menschen den Tod fanden. Das zugehörige Rosenak-Haus wurde ebenfalls geplündert und zwangsarisiert. Zwar erhielt die Jüdische Gemeinde Bremen das Haus später zurück, musste es aber ebenso wie das Synagogengrundstück aus Geldmangel verkaufen.

Sinnesfreuden

In einem Haus aus der Zeit um 1630 (später mehrfach umgebaut) der traditionsreiche, nach dem 100-Tage-Kaiser Friedrich III. benannte **Gasthof zum Kaiser Friedrich** `1`, wo Sie bremisch deftig speisen und ab und an Bremer Honoratioren treffen können. Ein paar Schritte weiter, links beginnt die Gasse Schnoor, öffnet sich rechts ein kleiner Platz mit der Brunnenskulptur »Die Badenden« `5` von Jürgen Cominotto: Männlein und Weiblein im Bade vereint. Die Skulptur bezieht sich auf die hier einst ansässigen *staven* (beheizte Bäder) für die ›kleinen Leute‹. Doch sollen diese nicht nur Hort der Hygiene, sondern wohl auch und eher Stätte ›sittenlosen Treibens von Männern und Frauen‹ gewesen sein.

Einen Blick verdient das **Schifferhaus** `6` (Stavendamm 15) von 1630, ab 1919 bis Mitte des 20. Jh. ein Kolonialwarengeschäft, wo rund um die Uhr Proviant an die Schiffer verkauft wurde.

Wie Perlen an der Schnur

Ein Bummel durch die Gasse **Schnoor** selbst bedeutet erst recht hin- und hergerissen zu sein. Schaut man mehr auf die kleinen Häuser selbst, wie sie sich – wie Perlen an der Schnur – aneinanderschmiegen, schief und pittoresk – oder lässt man sich von den unzähligen Lädchen locken, stöbert und genießt?

ÜBRIGENS

Am Rand des Schnoor-Viertels, Ecke Dechanatstraße/Am Landherrnamt, steht vor dem Landherrnamt das **Denkmal für die Opfer der Reichspogromnacht** – also ganz in der Nähe des Ortes, wo einst die Synagoge stand, an die nur eine schlichte Gedenktafel erinnert (s. links). Ab 1938 deportierten die Nazis Bremer Juden: in die Ghettos von Minsk und Riga, in die Konzentrationslager Auschwitz und Theresienstadt. Heute zählt die jüdische Gemeinde Bremens wieder knapp 1000 Mitglieder – gut 300 weniger als bei der Machtübernahme 1933.

Häuschen im Schnoor

ÜBRIGENS

»Segg mal, kannst mi nich'n halwen Groschen lenen, ick schrief dat in min Hauptbook in.« Hinter der Holzpforte wartet ein Bremer, besser: ein Schnoor-Original auf die Besucher, allerdings nur in Gestalt einer Bronzeskulptur. **Heini Holtenbeen** 10 (Jürgen Heinrich Keberle) war seit einem Sturz mit einem lahmen Bein geschlagen und auf einen Stock angewiesen, verdiente sich sein Geld durch kleine Handlangertätigkeiten und durch Almosen. Die wollte er als Darlehen verstanden wissen, behauptete er doch stets, sie dereinst zurückzuzahlen …

Am **Café Tölke** 2 zweigt die Gasse Schnoor ab. Jenseits der Süsterstraße verdient der **Schnoor 15** 7 einen Blick. Das wohl älteste Haus im Viertel wurde 1512 über einem mittelalterlichen Kellergewölbe erbaut, die Fassade geht auf das Jahr 1600 zurück. Das Haus **Schnoor 9** 8 datiert von 1621. Es weist eine recht streng ausgeprägte Utlucht auf, wie Sonnenuhr und Zierpforten aus dem 18. Jh. Gegenüber stehen die letzten innerstädtischen **Fachwerkhäuser** Bremens. Vermutlich aus dem 16. Jh. stammt das Haus mit Ladeluke am Giebel und zweigeschossigem Erker. Gehen Sie hier, am Schnoor 38, durch ein **Renaissanceportal**, gelangen Sie durch einen winzigen Gang zum **Katzen-Café** 3 und zur **Wüsten Stätte** 9. Sie trägt ihren Namen, weil das Areal nach einem Brand 1659 lange unbebaut blieb.

Der Schnoor mündet auf die **Marterburg,** deren Name nichts mit Folter zu tun hat, sondern mit Matten, den Mehlsilos der Müller. Hier errichtete Thomas Klumpp **farbenfrohe, postmoderne Häuser** 11 – fast so schmal wie die originalen Schnoorhäuser. Über die bildschöne Gasse **Hinter der Balge** 12 erreichen Sie wieder die Schnoor-Gasse. Schräg gegenüber steht vor dem Institut für niederdeutsche Sprache e. V. (Schnoor 41) der **Ottjen-Alldag-Brunnen** 13 von Klaus Homfeld. Er erinnert an Georg Droste (1866–1935) und dessen plattdeutschen Roman »Ottjen Alldag«, die Geschichte einer Kindheit in Bremen.

→ **UM DIE ECKE**

Auf dem Jakobsweg zu Bremer Geschichten gelangen Sie im **St.-Jacobus-Packhaus** 14, über dessen Eingang eine Statue des hl. Jakob darauf verweist, dass hier eine Herberge Pilgern auf dem Jakobsweg Schutz gewährte. Heute birgt das älteste Lagerhaus der Altstadt das **Bremer Geschichtenhaus** (Wüste Stätte 10, T 0421 336 26 51, www.bremer-geschichtenhaus.de, zzt. nur Mo–Mi 13, 14, 15, 16, 17, Sa/So 13, 14, 15, 16 Uhr, nur mit Vorabbuchung, 7,50 €, 6–17 Jahre 3 €, Familie/max. 2 Erw., 5 Kinder bis 17 Jahre 14,90 €), in dem es in Bremens Vergangenheit geht: Von der Weser über die ›gute Stube‹ und die Pesthütte zu Kolonialwarenladen, Kaufmannskontor etc. – hier wird Geschichte lebendig, dank Geschichtenerzählern.

Vom alten Hafen zur maritimen Meile – **die Schlachte**

Hier trifft Tradition auf Moderne, treffen Businessmenschen und Medienleute auf Ausgehwütige. Bremen hat lange gebraucht, um die Lage an der Weser wieder für sich zu entdecken. Hier wurde der Beginn gemacht.

Ursprünglich war die Balge, dann die Schlachte Bremens Hafen. Im Mittelalter landeten Hansekoggen und später, als der Tiefgang der Weser aufgrund der Versandung nicht mehr ausreichte, Weserlastkähne zwischen Tiefer und Fangturm Waren an, die in den Packhäusern gestapelt wurden. In den Pack- und Kontorhäusern wickelten und wickeln teils noch heute Reeder und Kaufleute ihre Geschäfte ab. Doch daneben haben längst Lokale unterschiedlichster Couleur ihren Platz gefunden – und im Wasser liegen wieder Boote: Ausflugs-, Hotel-, Restaurant- und Eventschiffe.

Kaum kommt die Sonne hervor oder ist es auch nur ein bisschen wärmer, verlocken Schlachte und Weserpromenade dazu, es sich gut gehen zu lassen – und so oft ist in Bremen auch gar kein Schmuddelwetter.

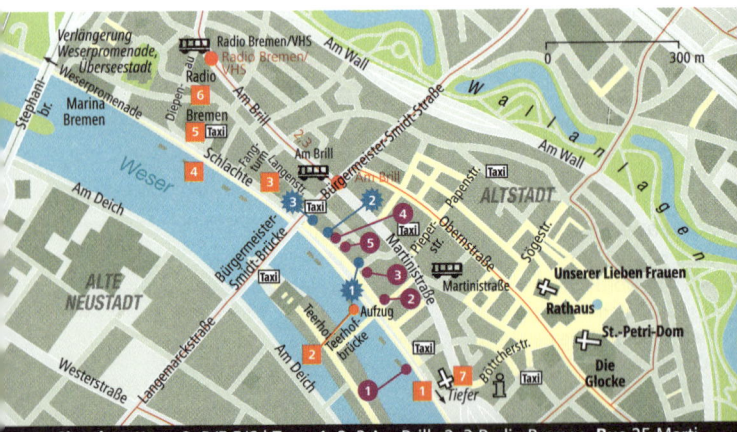

Cityplan: Karte 2, D/E 5/6 | **Tram** 1, 2, 3 Am Brill, 2, 3 Radio Bremen, **Bus** 25 Marti-nistraße, Am Brill, Radio Bremen

INFOS/ÖFFNUNGSZEITEN

www.schlachte.de: Infos zu Gastrono-mie und Schiffen – mit Karte, Weblinks
Schiffsfahrten: ▶ S. 111
Alexander von Humboldt 1: Mar-tini-Anleger 1a, T 0421 38 03 96 99, http://alex-das-schiff.de, warme Küche Di–Fr ab 17, Sa/So 12–21.30 Uhr, €–€€€; ▶ S. 89
Nedeva 2: ▶ S. 89
St.-Martini-Kirche 7: T 0421 32 48 35, Mai–Okt. Mo–Sa 10.30–12.30, 15–17, Dez. Mo–Sa 10–17 Uhr

ESSEN UND AUSGEHEN

Pannekoekschip 1: Schlachte-Anleger 1, T 0421 364 99 84, www.admiral-nelson.de, Mai–Sept., Mi–So 12–21 Uhr, €
Luv 2: Schlachte 15–18, T 0421 165 55 99, www.restaurant-luv.de, Mo–Sa, Fei 11.30–1, So 12–20 Uhr, €€–€€€, Mo–Fr Mittagstisch €–€€
feldmann's Bierhaus 3: Schlachte 19/20, T 0421 168 91 92, www.feld manns-bierhaus.de, Mo–Fr ab 11, Sa/So ab 10.30 Uhr, open end, €–€€, auch Fingerfood
Paulaner's 4: Schlachte 30, T 0421 169 06 91, www.paulaners.de, tgl. ab

11 Uhr, open end, Küche 11/11.30–22/22.30 Uhr, €–€€€
Enchilada 5: Schlachte 26, T 0421 168 54 00, www.enchilada.de, tgl. ab 17 Uhr, €–€€
Red Rock 1: Schlachte 22, T 0421 178 36 05, www.redrock-bremen.de, Di–Fr ab 17, Sa/So ab 13 Uhr
Kangaroo Island 2: Schlachte 30b, T 0421 168 95 95, www.kangaroo island.de, Di–Fr ab 16, Sa ab 12, Winter jeweils ab 18 Uhr
Café & Bar Celona 3: Schlachte 32, T 0421 897 79 18, www.celona.de, So–Do 9–1, Fr/Sa 9– 2 Uhr
Die **Tische an der Kaimauer** bespielen die Lokale normalerweise als Selbst-bedienungsgastronomie – mit einem Pavillon, wo Sie Getränke bekommen und eventuell eine Kleinigkeit zu essen.

VON TRÖDEL BIS MITTELALTER

Von Mai bis September lockt an der Schlachte der **Kajenmarkt** (Sa 11–18 Uhr) mit Livemusik und ›Futter-ständen‹. In der Vorweihnachtszeit findet der **Schlachte-Zauber** (www.schlachte-zauber.de, So–Do 11–20.30, Fr/Sa 11–21 Uhr) statt, der etwas andere Weihnachtsmarkt.

Die Schlachte besteht aus zwei Ebenen. Das meiste Treiben findet ›oben‹ statt, entlang der Straße **Schlachte**. Auf der unteren Ebene, von der Straße Tiefer bis zum Rand der Überseestadt über 2 km als gepflasterte Weserpromenade ausgebaut, können Sie entlang des Flusses spazieren, skaten oder radeln.

»Sail away, …« – hoffentlich nicht mehr
Die meisten Besucher stoßen an St. Martini (▶ S. 44) vorbei zur Weser vor. Linker Hand, am **Martini-Anleger** , wo auch die **Fähre nach Bremerhaven** und die **Hafen-** bzw. **Weserrundfahrten** starten (▶ S. 111), liegt seit Sommer 2016 ein besonderes Schiff: Manch einer hat sie noch im Ohr, die Segelhymne von Joe Cocker, und im Auge die mit geblähten, grünen Segeln übers Meer gleitende **Alexander von Humboldt.** Nun hat sie als Hotel- und Restaurantschiff ihre neue, alte Heimat gefunden. 1906 als Feuerschiff von der AG Weser gebaut, später als Segeltrainingsschiff (und Werbeträger) unterwegs, liegt die Bark nun wieder in Bremen.

Am nächsten Anleger wartet der Nachbau einer Segelfregatte aus dem 18. Jh., das **Pannekoekschip Admiral Nelson ❶**, auf Gäste.

Sweet Dreams
Ab der Teerhofbrücke (Aufzug zur Promenade) reihen sich die Lokale. Einen Blick von oben hinab aufs Wasser verdient die Yacht **Nedeva ❷**. Sie wurde 1930 für Eduard Townsend Stotesbury, einen New Yorker Banker, und dessen zweite Ehefrau Eva erbaut. Mrs. Stotesbury, in den Zwanziger- und Dreißigerjahren Stern der High Society, richtete in ihrem Anwesen prächtige Events aus – und lud Gäste zu Diner Cruises auf diese Yacht ein. Leider steht die Yacht nach einem Eignerwechsel nicht mehr für Übernachtungen zur Verfügung.

Die Ausgehmeile
Gerade bei schönem Wetter wird es an der Schlachte voll. Alle Lokale haben vor der Tür Tische und Stühle stehen, viele betreiben zusätzlich jenseits der Straße entlang der alten Kaimauer ab dem Frühjahr **Biergärten**. Von dort lässt sich bei Bier oder anderen Getränken der Blick über die Weser genießen.

Ü
ÜBRIGENS

Nein, hier wurde nicht geschlachtet. Der Name **Schlachte** hat nichts mit dem Schlachten von Tieren zu tun, sondern leitet sich von *slaits* ab, ins Wasser gerammten Pfählen zur Uferbefestigung.

Doppelt und dreifach abgekupfert – die Admiral Nelson ist ein originalgetreuer Nachbau des Dreimasters Picton Sea Eagle, einst ein englischer Fischtrawler, der seinerseits Ende der 1980er-Jahre, natürlich originalgetreu, in eine spanische Galeone des 18. Jh. verwandelt wurde und im walisischen Swansea als Restaurantschiff endete.

Als Erstes lockt das **Luv** ❷ mit edlem Ambiente und großer Auswahl von Salaten über Pasta oder Burger (auch vegetarisch) bis zu Edelfisch. Rustikaler sind, wie sollte es anders sein, die Bierhäuser **feldmann's** ❸ mit Haake Beck oder **Paulaner's** ❹ mit Paulaner im Ausschank und deftiger Küche. Bierfreunde kommen auch im **Red Rock** ✱ (über 50 Sorten) auf ihre Kosten. Lieber mexikanisch? – dann auf ins **Enchilada** ❺. **Kangaroo Island** ✱ hingegen ist eine Australian Bar, während **Café & Bar Celona** ✱ bereits ab 9 Uhr und bis in die Nacht locken.

»Ein Leben ohne Mops ist möglich, ...«

Jenseits der Bürgermeister-Smidt-Straße wird es ruhiger. Vorbei am Designhotel **ÜberFluss** ❸, bei dessen Bau man eines der ältesten Stücke der Stadtmauer fand, und der **Jugendherberge,** auf deren Boot **Die Weser** ❹ (Nachbau eines historischen Raddampfers) Sie ebenfalls übernachten können (s. Schlafen an Bord, ▶ S. 89), erreichen Sie das **Weserhaus** ❺. Es gehört zu Radio Bremen und birgt u. a. das sogenannte Eventstudio, wo etwa die Talkrunde »3 nach 9« aufgezeichnet wird. Bei Radio Bremen produzierte Vicco von Bülow, **Loriot,** seine berühmte sechsteilige Sketchserie »Loriot« (1976–78). In der Diepenau erinnert eine Bronzereplik seines berühmten grünen **Sofas** ❻ – mit Mops – an den großen Humoristen. Sitzen erlaubt.

ÜBRIGENS

Neander? Neandertal? Lobe den Herren? Was hat das mit Bremen zu tun? **Joachim Neander** (geb. 1650 in Bremen, gest. 1680 ebenda) war ein deutscher Pastor, ein Kirchenliederdichter und -komponist, der einige Jahre in Düsseldorf arbeitete. In dieser Zeit zog er sich zum Komponieren oder auch Predigen gern in eine Schlucht des kleinen Flusses Düssel zurück – und so trägt dieses Tal heute ihm zu Ehren seinen Namen ... 1679 kehrte Neander nach Bremen zurück, an die Kirche **St. Martini** und komponierte hier den allseits bekannten Choral »Lobe den Herren«. Neander sollte nur ein knappes Jahr in seiner Heimatstadt wirken – er verstarb im Alter von 29 oder 30 Jahren. Woran? Vielleicht an der Pest. Seine Grabstätte? Unbekannt, vielleicht an oder unter St. Martini.

→ UM DIE ECKE

St. Martini ❼ – eine Ziegelsteinkirche, um 1230 entstanden, augenfällig von außen der wuchtige Turm mit achtkantigem Helm, innen noch erhalten die Kanzel von 1597, der Orgelprospekt von 1603 und an der Ostwand des Südschiffs das Portal aus dem Jahr 1597. Die Chorfenster zeigen im Nordschiff das Leben des hl. Martin und im Südschiff **Joachim Neander** (1650–80) mit Kindern (s. Übrigens), der hier wirkte und im angrenzenden Neanderhaus lebte. Im selben Haus lebte von Mitte 1838 bis Frühjahr 1841 auch **Friedrich Engels,** während er, dem Wunsch seines Vaters entsprechend, in Bremen eine Lehre zum Großhandelskaufmann absolvierte.

Im Umbruch –
Weserinsel und Neustadt

Die Weserinsel ist grün, auf der Weserinsel wird (teuer) gebaut, Teile der Neustadt werden allmählich zum neuen ›Viertel‹, wo Wohnraum noch erschwinglich ist, das Leben ist bunt und multikulti.

Die Bremer Neustadt entwickelte sich aus einer Befestigungsanlage des Dreißigjährigen Krieges. Ab 1642 siedelten hier vor allem Angehörige der ärmeren Schichten. Im 18. Jh. besaßen Bewohner der Altstadt Gärten am Deich und genossen Spaziergänge entlang der Weser. Zu den Berufsgruppen, die hier ansässig waren, gehörten Zigarrenmacher und Bierbrauer. Wer heute vom Teerhof aus über die Weserinsel die Neustadt besucht, trifft auf Spuren dieser Traditionen ebenso wie auf eine junge Kultur- und Kunstszene.

Höhe Deichschart führt eine kleine Brücke von der Neustadt hinüber auf die Weserinsel – beliebt bei Spaziergängern, Joggern, Skatern – und weit zum Strand ist es hier auch nicht.

Von Werft und Kaffeelager
zu Wohnen und Kunst

Der Name **Teerhof** erinnert daran, dass hier im Mittelalter Schiffe gebaut, deren Fugen mit Teer abgedicht wurden. Später entstand auf dem Areal eine Speicherstadt, die im Krieg weitgehend zerstört wurde. Die geschlossene Wohnbebauung, bemüht, den Charakter der einstigen Speicherstadt aufzugreifen, wirkt leider recht unterkühlt und vermag kein Flair zu vermitteln. Doch

INFOS/ÖFFNUNGSZEITEN

Weserburg – Museum für moderne Kunst 1 : ▶ S. 79
GAK – Gesellschaft für Aktuelle Kunst 2 : Teerhof 21, www.gak-bremen.de, Di–So 11–18 Uhr, 3/2 €
Olbers-Planetarium: ▶ S. 82
Städtische Galerie 8 : Buntentorsteinweg 112, www.staedtischegalerie-bremen.de, Di–So 12–18 Uhr, Eintritt frei

KULINARISCHES FÜR ZWISCHENDRIN

Nachhaltig und fair – Essen und Kultur, so lässt sich das **Kukoon** 1 (Buntentorsteinweg 29, T 0421 68 49 67 89, www.kukoon.de, Di–Fr 12–14, ab 18 Uhr, Sa ab 18 Uhr, €) beschreiben. Bezahlt wird innerhalb einer Preisspanne nach eigenem Ermessen. Mit dem Huckepack-Paket können Sie sich darüber hinaus einer anderen Person ein Getränk, ein Essen oder ein Veranstaltungsticket sponsern. Selbst gebackener Kuchen und kleine Speisen – aus biologisch-nachhaltigen Zutaten, alles vegetarisch, oft auch vegan. Dazu finden Lesungen und andere Kulturveranstaltungen statt. Im Sommer (s. jeweils Website) wird der Mittagstisch im Leibnizplatzpark unter freiem Himmel serviert.

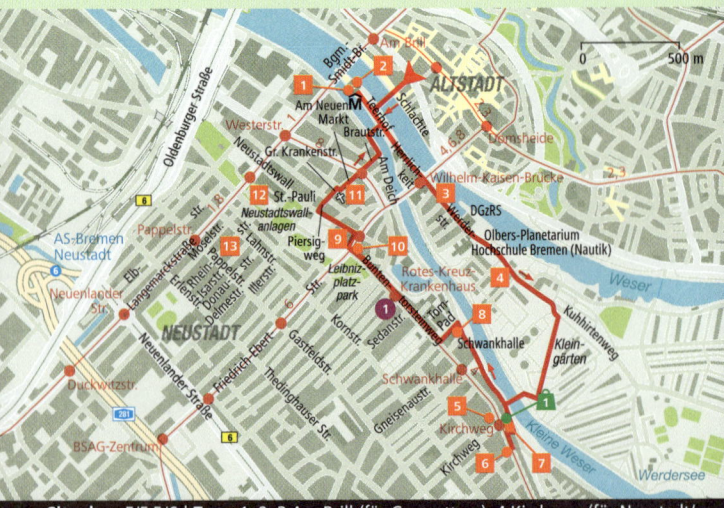

Cityplan: E/F 5/6 | **Tram** 1, 2, 3 Am Brill (für Gesamttour), 4 Kirchweg (für Neustadt/Buntentorsteinweg), 8 Pappelstraße (für Flüsseviertel)

von der nördlichen Seite bietet sich ein schöner Blick über die Weser auf die Bremer Altstadt mit Schlachte, Martinikirche und den Spitzen des Doms.

Vier alte Speicher, frühere Kaffeelager, wurden saniert und beherbergen seit 1991 die **Weserburg – Museum für moderne Kunst** 1 und gegenüber die **GAK – Gesellschaft für Aktuelle Kunst** 2.

Bremen und das Wasser

Auf der Altstadtseite führt die Straße Herrlichkeit unter der Wilhelm-Kaisen-Brücke hindurch und mündet in die Werderstraße. Hier steht zur Weser hin das **Denkmal für Ludwig Franzius** 3 (1832–1903). Es erinnert an den Wasserbauingenieur, der die Weserkorrektion durchführte, mit der die Fließgeschwindigkeit des Wassers erhöht wurde, um eine Versandung zu verhindern. Auf die Bedeutung, die dem Wasser in Bremen zugemessen wird, verweist auch, dass die **Deutsche Gesellschaft zur Rettung Schiffbrüchiger** (DGzRS) und die **Hochschule für Nautik** (Teil der Hochschule Bremen) mit dem **Olbers-Planetarium** hier ihren Sitz haben.

An neuer Wohnbebauung vorbei erreichen Sie die ›**Umgedrehte Kommode**‹ 4. Der gedrungene Bau, von kurzen Türmchen überragt, ist der älteste Wasserturm (1873) der Stadt (außer Betrieb). Wie er zukünftig genutzt werden soll, ist seit Jahren nicht geklärt. Seit Sommer 2022 wird nun einige Monate getestet, ob und wie er als Eventlocation funktioniert. Der Name für den beeindruckenden Raum im Erdgeschoss: die Kathedrale.

Zur Neustadt

Wo die Werderstraße in den Kuhhirtenweg übergeht, halten Sie sich rechts und gelangen, quer durch **Kleingärten,** auf die andere Seite der Weserinsel. Dort führt eine Fußgängerbrücke über die **Kleine Weser** an das Neustadt-Ufer. Hier gehen Sie hinunter zum Buntentorsteinweg und nach links.

Zigarrenmacher, Bierbrauer und noch mehr Kunst

Höhe Kirchweg erinnert eine **Skulptur** 5 an die Tradition der **Zigarrenmacher.** Wer erahnen möchte, wie diese einst in einfachsten Verhältnissen lebten, sollte – zurückhaltend – einen Blick in den **Dunkakshof** 6 mit seinen winzigen Reihenhäusern werfen.

Wasser kann gefährlich sein, das wissen wir alle – und auf hoher See erst! Wenn ein Schiff kentert oder leckschlägt, schlägt die Stunde der Seenotretter. Sie rücken aus und versuchen zu retten, was zu retten ist. Geht's dabei um Menschenleben tun sie das kostenlos, kostenlos für den/die Geretteten. Aber natürlich kostet es – und das wird allein aus Spendenmitteln finanziert. In Bremen tut sich da, als Pendant zum Schaffermahl, die Bremer Eiswette hervor. Bei ihrem alljährlichen Stiftungsfest kommen ebenfalls mehrere Hunderttausend Euro an Spendengeldern zusammen – und gehen an die DGzRS.

An die Zigarrenmacher erinnert am Buntentorsteinweg ein Denkmal von Holger Voigts – der karge Betonsockel ist beliebte Plattform für andere ›Künstler‹.

Nun heißt es umkehren und durch den **Deichschart** 7 (ein verschließbarer Deichdurchbruch) noch einmal zurück auf den Weserdeich, bis der Tom-Pad zur **Städtischen Galerie** 8 führt. Sie nutzt ein Gebäude der ehemaligen Remmer-Brauerei und zeigt wechselnde Ausstellungen moderner Kunst.

Von hier geht es rechts den Buntentorsteinweg hoch bis zum **Theater am Leibnizplatz** 9, der Spielstätte der Bremer Shakespeare Company. Passend dazu steht mitten im Verkehrsgewühl des Platzes die Skulptur **»Der Gaukler«** 10 des in Worpswede lebenden Bildhauers Christoph Fischer.

Ein kleiner Roland

Über den Neustadtswall, dem Verlauf der ehemaligen Stadtbefestigung ein Stück folgend, dann über Piersigweg und Große Krankenstraße geht es zum **Neuen Markt** – einst Pferde- und Schweinemarkt. Von den alten Gasthöfen der Fuhrleute ist nichts mehr erhalten, doch eine Besonderheit gibt es: den **Kleinen Roland** 11 von 1737.

Durch die Brautstraße und die Straße Am Deich geht es über eine Fußgängerbrücke, Teerhof und Teerhofbrücke zurück zur Schlachte.

ÜBRIGENS

Der Reichspräsident war Kneipenwirt – in der Verlängerung des Neuen Marktes Richtung Weser, an der Ecke Braut-/Westerstraße stand früher die **Gaststätte Zur guten Hilfe.** Die übernahm 1894 für gewisse Zeit ein später berühmter Mann: der gelernte Sattler, Gewerkschaftler, SPD-Bürgerschaftsabgeordnete (1899–1905) und spätere Reichspräsident (1919–25) der Weimarer Republik Friedrich Ebert.

→ **UM DIE ECKE**

Bei Interesse an Glaskunst: Etwa Höhe Kirchweg liegt die **Glasmanufaktur** 🛈 (Buntentorsteinweg 252, www.glasmanufaktur.de, Di/Mi 12–18 Uhr; s. auch ▶ S. 100) von Irene Borgardt.

Wer ein wenig Grün schnuppern und ein ruhiges Wohnviertel mit kleinen Altbremer Häusern erkunden möchte, dem sei der Weg durch die **Neustadtswallanlagen** 12 hinüber ins **Flüsseviertel** 13 empfohlen. Die kleinen, alle nach Flüssen benannten Straßen gehen links und rechts von der Pappelstraße ab.

Wandel eines Hafenviertels –
die Überseestadt

 # 8

Bremen nimmt die Überseestadt, den ehemaligen Freihafen, immer mehr neu in Besitz. Durch Sanierung und Umnutzung, durch Neubauten und noch in Funktion befindliche Hafen- und Verarbeitungsanlagen ist hier eine spannende Mischung entstanden.

Der Bereich der heutigen Überseestadt entstand 1888–1917. Man korrigierte und vertiefte die Weser und legte Hafenbecken an. Dazu kamen Schuppen für Zwischenlagerung und Sortierung, Speicher, Bahn- und Straßenanbindung. Nach dem Zweiten Weltkrieg wiederaufgebaut, begann dann mit der Containerschifffahrt der Niedergang des innerbremischen Hafenareals.

Aus alt mach neu – in der Überseestadt entsteht neben den noch in Betrieb befindlichen Hafenanlagen ein modernes Quartier mit Büros und Wohnungen, Galerien und Schauräumen, Läden und Lokalen.

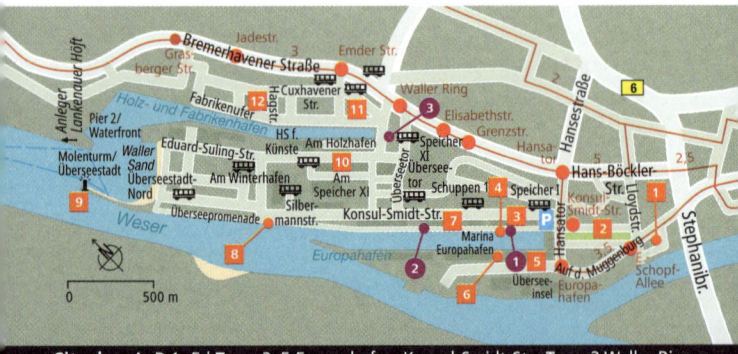

Cityplan: A–D 1–5 | **Tram** 3, 5 Europahafen, Konsul-Smidt-Str., **Tram** 3 Waller Ring, **Bus** 20 Konsul-Smidt-Str., Schuppen 1, **Bus** 28 Hochschule für Künste, **Bus** 26, 28 Waller Ring, Überseetor, Überseestadt-Nord (Waller Sand)

INFOS/ÖFFNUNGSZEITEN

www.ueberseestadt-bremen.de:
Infos rund um das Viertel
Koch & Bergfeld Silbermanufaktur 5: Hoerneckestr. 33–37, Schuppen 2, T 0421 559 06 70, www.kb-corpus.com, Mo–Do 10–16, Fr 10–15, Sa 11–14 Uhr
Art Docks 7: Schuppen 1, Konsul-Smidt-Str. 22, www.artdocks.de, Zeiten wie Schuppen Eins
Schuppen Eins – Zentrum für Automobilkultur und Mobilität 7: Schuppen 1, Konsul-Smidt-Str. 20–26, www.schuppeneins.de, Mo–Fr 8–19, Sa/ So 10–19 Uhr, Läden/Werkstätten teils abweichend. **Miet-Klassiker:** https:// miet-klassiker.de, Oldtimerverleih
Hafenmuseum, Infocenter Überseestadt 10: Am Speicher XI 1, T 0421 303 82 79, www.hafenmuseum-speicherelf. de, Di–So 11–18 Uhr, 5/3,50 €, bis 18 Jahre Eintritt frei

Weserfähre Pusdorp: https://weser fähre-bremen.de, April–3. Okt., s. Website
Lankenauer Höft: Zum Lankenauer Höft 8–10, https://lankenauerhoeft.de, saisonal Mo–Fr 12–21, Sa/So 10–21 Uhr, Fähre Pusdorp oder Bus 24, €

KULINARISCHES FÜR ZWISCHENDRIN

Im kleinen **Jaya 1** (Port IV, Konsul-Smidt-Str. 8R, T 0421 64 91 90 66, www.jaya-food.de, Mo/Di 11–18, Mi/Do 11–23, Fr 11–24, Sa 17–24 Uhr) gibt's mittags Asian Street Food (indisch, €). Den Kontrapunkt setzt **Al-Dar 2** (Schuppen 1, Konsul-Smidt-Str. 26, T 0421 69 68 63 00, www.aldar.de, Mo–Sa 17–22, So 12–22 Uhr, €€–€€€) mit dezent-elegantem syrischen Ambiente, das den Charakter des alten Schuppens einbezieht. Leckere Mazza, apart mariniertes, gegrilltes Fleisch, auch vegane Speisen.

Die Stadt erstellte einen Masterplan für ein ca. 300 ha großes Gelände, der primär Abriss und Neubauten vorsah. So wurde der Überseehafen zugeschüttet und der Großmarkt vor den Speicher XI verlegt. Inzwischen soll jedoch mehr historische Industrie- (Hafen-)Bausubstanz erhalten bleiben und Flächen in sanierten Bauten sowie die Lage am Wasser erfreuen sich längst großer Nachfrage. Der Bauboom scheint hier nicht zu enden.

Auf in die Überseestadt

Direkt hinter der Stephanibrücke liegt das neue Weser Quartier mit dem **Weser Tower** 1, dem 82 m hohen gläsernen Büroturm des US-amerikanischen Architekten Helmut Jahn. Östlich sind ein Hotel und das GOP Varieté-Theater entstanden. Beim **Kaffee Quartier** 2 landeinwärts handelt es sich um das Ex-Eduscho-Gebäude und die frühere Rösterei.

Am alten Europahafen

Am Europahafen verbinden sich Alt und Neu, der ›Uferbereich‹ wurde zur Promenade umgestaltet. Im alten Hafenbecken ist eine neue Marina, auch mit Gastliegeplätzen, entstanden. Hier herrscht weiterhin Bewegung: Die Umgestaltung des bisherigen **Kellogg-Gelände,** das als **Überseeinsel** vermarktet wird, läuft und am **Hafenkopf** sind die neuen Bauten fast fertig.

Am Beginn der Überseestadt überragt der Weser Tower das GOP-Theater und das angeschlossene Steigenberger Hotel – abends durchaus ein Eyecatcher, auch wenn der Tower dem Bremer Denkmalpfleger zu nah an der gewachsenen Bebauung der Bremer Innenstadt, respektive des Stephaniviertels steht.

Der sanierte **Speicher I** 3 birgt Gewerbe- und Einzelhandelsbetriebe und eine Eventlocation. Rückwärtig, direkt am Wasser, sind unterschiedlich gestaltete, großenteils kubusförmige Bauten, die **Ports** 4, entstanden. Hier finden sich auch kleine Läden und Lokale. Im sanierten **Schuppen 2** 5 ist die **Silbermanufaktur Koch & Bergfeld Corpus** (Showroom/Gläserne Manufaktur) zu erwähnen, die Tafelsilber, Trinkgefäße, aber auch DFB-, Uefa-Pokal und Goldene Kamera fertigt. Die Gestalt des neuen **Kranhauses** 6 nebenan greift die Form der großen Hafen-Hebekräne auf.

Der 400 m lange **Schuppen 1** 7 birgt u. a. Restaurants, die **Galerie Art Docks** und das **Zentrum für Automobilkultur und Mobilität.** Hier können Sie Oldtimer sehen, mieten und bei ihrer Restaurierung zuschauen.

Weser Ufer und Hafenkante

Das Weser Ufer ist in weiten Teilen bereits mit Wohn- und Bürokomplexen bebaut, darunter der **Landmark Tower** 8. Doch auch im ›Hinterland‹ kommen immer mehr dazu.

Seit 1926 weist der **Molenturm** 9 als Leuchtfeuer Schiffen die Einfahrt in den Getreidehafen. Hier wurde ein Sandstrand angelegt, der **Waller Sand** – allerdings: Baden ist nicht erlaubt. Von hier gelangen Sie mit der Fähre Pusdorp hinüber zum **Lankenauer Höft** mit Strand und Gastronomie, das zu einer Eventlocation entwickelt wird.

Die Laderampe gewährt heute jedermann Zugang zu den Läden und Locations im Speicher I.

ÜBRIGENS

Es war einmal … ein Plan: Im Bereich Industriehafen sollte ein Space Park entstehen, angekündigt als Science Center für Raumfahrt zum Anfassen und kombiniert mit einer Shoppingmall. Was kam: eine mit großem Brimborium eingeweihte, sagen wir mal, Star-Trek-Hommage. Immerhin mit einer ausrangierten Ariane 5 vor der Tür, aber ohne Mall. Das Projekt scheiterte – Star Trek zog nicht: Eintrittspreise zu hoch, Attraktionen zu unattraktiv. Und so wurden sie zurückgebaut. Schließlich hob auch die Ariane ab bzw. wurde wieder eingemottet. Doch immerhin wurde mit der **Waterfront Bremen** (◻ A 1, ▶ S. 98) eine Mall eröffnet. Das ist's, was von allem übrig blieb.

Wo der Startschuss fiel

2000/01 sanierte ein Privatinvestor den **Speicher XI** 🔟. Der 400 m lange, viergeschossige Speicher von 1910–12 ist Sitz der **Hochschule für Künste** (HfK), des **Hafenmuseums** (Hafengeschichte des 19.–21. Jh.) und des **Infocenters Überseestadt.** Die HfK hat übrigens gegenüber, neben der Eventlocation BLG Forum (Energieleitzentrale), einen Erweiterungsbau erhalten

→ **UM DIE ECKE**

Im **Holz- und Fabrikenhafen,** dem südlichsten Seehafen Deutschlands, sind noch Unternehmen aktiv, etwa die **Roland-Mühle** 11. Von der Terrasse der (Alten) **Feuerwache** ❸ (Waller Stieg 5, T 0421 338 68 00, www.restaurant-feuerwache. de, Tram 3 Waller Ring, So–Fr ab 11.30, Sa ab 17, Küche jeweils bis 22.30 Uhr, €–€€), in der sich ein hipper Italiener (beliebt: die Steinofenpizza) etabliert hat, können Sie mit Blick auf Roland Mühle, Holz- und Fabrikenhafen Hafenatmosphäre erleben. Auch drinnen ist es interessant: In die hohe Halle mussten früher die Feuerwehrautos rein, riesige, halbkugelige Lampen greifen die Garagenatmosphäre auf. Mix aus Hafenromantik, Business-, Medien- und Kunstszene. Die Feuerwache hat das am Holzhafen benachbarte kleine, urige **Hafencasino** (tgl. ab 12 Uhr, €, auf Facebook) unter ihre Fittiche genommen – wo es weiterhin deftige Hausmannskost und ein kühles Blondes gibt.

Auch am **HAG-Gebäude** 12 (1906/07), angrenzend ans alte **Kaba-Werk**, sind Sie mitten im Hafengeschehen. Das Gebäude gilt als Vorbild moderner Industriearchitektur. 1914 entstand hier der prachtvolle, weiße **Marmorsaal.** Heute ist er im Rahmen eines Kaffeeseminars bei **Lloyd Caffee** (Fabrikenufer 115, Gebäude 42, T 0421 38 33 22 11, www.lloyd-caffee.de, Tram 3 Jadestr., dann ca. 4 Min. zu Fuß: aus Richtung Innenstadt Straße queren und weiter zwischen den Bauten hindurch, Café Mo–Fr 8.30–17.30, Sa/So 11–17.30 Uhr, kleines Kaffeeseminar mit Anmeldung Fr 15.30, 1. So/Monat 15.30 Uhr, nicht an Fei, Dauer 90–120 Min., 15,00 €/Pers. inkl. Röstvorführung, Kaffeeverkostung) zu besichtigen. Quasi nebenan röstet Lloyd Caffee in seinem Verkaufsraum-Café Kaffee.

Wieder aufgebaut – **Kaufmannshäuser in der City**

9

Nicht ›auf Sand gebaut‹, sondern steingeworde-ne und doch lebendige Tradition, das sind die alten Kaufmannsbauten. Hier wurde – und wird – geplant, geordert, verkauft und fakturiert.

Die **Langenstraße** ist eine der ältesten Straßen Bremens, im 13. Jh. war sie auch die längste. Hier errichteten Kaufleute ihre Kontorhäuser. Sie beginnt mit dem **Kontorhaus am Markt** **1** (Langenstr. 2–4) von 1910–12. In und vor der **Stadtwaage** **2**, von Lüder von Bentheim 1586–88 im Weserrenaissance-Stil aus Backstein mit Sandsteinverzierungen erbaut, wurden noch bis 1877 Waren gewogen. Heute gibt es hier auf zwei Etagen eine breite Palette von Dingen »Made in Bremen« (▶ S. 99).

Nicht alles Essig

Rückwärtig (Fassade zur Obernstraße) wurde das **Jacobshaus** neu errichtet und nebenan an der Langenstr. 15–21 soll ebenfalls neu gebaut wer-

Vor dem früheren Festhaus der Gewandschneider und Tuchmacher erinnert nur noch die Ansgar-Säule (1965, Kurt-Wolf von Borries) an die im Krieg zerstörte Kirche St. Ansgarii – und an den Apostel des Nordens, (Erz-)Bischof Ansgar.

KULINARISCHES FÜR ZWISCHENDRIN

Urban Street Kitchen heißt es bei **Jackie Su** ❶ (Langenstr. 10–12, T 0421 56 51 85 36, https://jackie-su.de, Mo–Fr 12–21 Uhr, €). Das Motto ›städtische Straßenküche‹ passt. In einem entkernten Laden, puristischst gestaltet, wird aus frischen Produkten südostasiatisch-kreative Küche gezaubert. Angeboten wird eine feine Auswahl an Salaten, Suppen, Vegetarischem, Currys etc. Prima für einen leichten Lunch. Jackie Su ist beliebt, daher kann ein freier Platz schon mal Mangelware sein. Das Publikum ist bunt gemischt: Hier kehren Shopper ebenso ein wie Szene- oder Businessleute.

Cityplan: Karte 2, E 5/6 | **Tram** 2, 3 Obernstraße, **Bus** 25 Martinistraße

**Ü
ÜBRIGENS**

Alles Essig oder was? Die Deutsche Factoring Bank, die im Esich- bzw. Essighaus ihren Sitz hatte, ist pleite. Im Zuge der Entwicklung des Balgequartiers soll nun auch das Esich-Haus neu errichtet werden – wohl ohne die zwischenzeitlich angedachte Rekonstruktion der Renaissancefassade. Esich-Haus heißt es übrigens, weil die Kaufmannsfamilie Esich es errichten ließ, Essig-Haus, weil hier im 19. Jh. Essig hergestellt wurde.

den, das **Esich-Haus** ❸ bzw. Essighaus weichen. Zugegeben, von dem Patrizierhaus von 1618 ist fast nichts mehr vorhanden, außer zwei im Zuge des Wiederaufbaus in den 1950er-Jahren rekonstruierten Bauteilen: Utlucht (der auf dem Boden aufsitzende Erker) und Portal.

Das **Hansahaus** ❹ (Martinistr. 26) entstand 1912–15 für die Deutsche Dampfschifffahrts-Gesellschaft Hansa (Bremen 1881–1980) und ist heute Sitz der Handelskrankenkasse. Beim Bau integrierte man die Giebel der zuvor hier stehenden Bürgerhäuser (links von 1580, rechts von 1639).

Das ehemalige Kontorhaus von **Suding & Soeken** ❺ (Langenstr. 28) wurde 1901 von dem Farben-und-Lacke-Unternehmen erworben. Erbaut wurde es 1620 im Renaissancestil (Knorpelwerk) und 1730 umgebaut und u. a. mit Utluchten versehen.

Über die Kurze Wallfahrt erreichen Sie den **Ansgarikirchhof.** Der Name erinnert, wie die **Ansgar-Säule** ❻, an Verschwundenes: an Friedhof und Kirche St. Ansgarii. Wieder aufgebaut wurde mit Doppelgiebel unter Verwendung alter Elemente das **Gewerbehaus** ❼ (Ansgaritorstr.), einst das Amts- und Festhaus der Gewandschneider- und Tuchmachergilde (1618/19–21). Der Südgiebel stammt von einem Haus in der Langenstraße. Der Bau besticht mit seinem figurengeschmückten Mittelportal und üppigem Renaissancedekor.

Kulturmeile –
Kunsthalle Bremen und mehr

Hier treffen Sie auf Künstler und Künstlerinnen wie Dürer, van Gogh, Paula Modersohn-Becker oder John Cage, den Designer Wagenfeld und den Bildhauer Marcks, aber auch auf die Erinnerung an unter unwürdigen Bedingungen aus unterschiedlichsten Gründen Inhaftierte.

1823 gründeten Bremer Bürger den Bremer Kunstverein, bis heute privater Träger des Museums, der 1847–49 die **Kunsthalle Bremen** 1 nach Plänen von Lüder Rutenberg erbauen ließ. Nach umfangreicher Erweiterung und Modernisierung (bis 2011) flankieren heute zwei kompakte, sechsgeschossige Baukörper den klassizistischen Altbau.

Am Ende der Kulturmeile verspricht das Theater am Goetheplatz nicht nur Kulturgenuss – das Theatro mit seinen Außenplätzen ist ein beliebter Treff der Szene.

INFOS/ÖFFNUNGSZEITEN

Kunsthalle Bremen : Am Wall 207, T 0421 32 90 80, www.kunsthalle-bremen.de, Di 10–21, Mi–So 10–17 Uhr, 10/5 €, bis 18 Jahre Eintritt frei

Gerhard-Marcks-Haus : Am Wall 208, T 0421 32 72 00, www.marcks.de, Di/Mi, Fr–So 10–18, Do 10–21 Uhr, 10/5 €, bis 18 Jahre und 1. Do/Monat für alle Eintritt frei

Wilhelm-Wagenfeld-Haus : Am Wall 209, T 0421 436 04 20 (Kasse), www.wwh-bremen.de, Di 15–21, Mi–So 10–18 Uhr, nur bei Ausstellungen geöffnet, 6/3,50 €

Dokumentationsstätte Gefangenenhaus Ostertorwache : Am Wall 209, www.staatsarchiv.bremen.de/gefangenenhaus-ostertorwache-10563, 1. Sa/Monat 11–16 Uhr und n. V., Eintritt frei

KULINARISCHES FÜR ZWISCHENDRIN

Das **Canova** (T 0421 244 07 08, www.canova-bremen.de, Mo/Mi, 9–18, Di 9–21, Fr/Sa 9–22, So 9–20 Uhr, Mittagstisch €–€€, sonst €€–€€€) in der **Kunsthalle** ist mehr als ein Museumscafé. Hier wird ambitioniert gekocht. Im und vor dem Theater verleitet das **Theatro** zum Verweilen (Goetheplatz 1–3, T 0421 32 60 80, www.theatro.de, Mo–Fr ab 11.30 Uhr, Sa/So ab 10 Uhr, So 10–14 Uhr Brunch, €–€€. An der Bar, auf der Terrasse, im lockeren Bistro-ähnlichen oder leger-eleganterem Restauranttrakt treffen sich Business-, Szene- und Theaterleute gern zu einem Drink, auf eine Pizza, zu kleinen Gerichten oder Tapas.

Cityplan: Karte 2, F 6 | Tram 2, 3, 4, 6, 8 Domsheide, 2, 3 Theater am Goetheplatz

Am Anfang war der Kupferstich

Die Geschichte der Sammlung ist von Schenkungen und Stiftungen geprägt. Den Anfang machte das leider im Zweiten Weltkrieg teils vernichtete druckgrafische Werk Albrecht Dürers, darunter das nahezu komplette druckgrafische Werk aus der Sammlung Senator Klugkists (1778–1851). Es bildete den Grundstock für das **Kupferstichkabinett** (heutiger Bestand: über 200 000 Blätter). Einen weiteren Schwerpunkt bilden die **Alten Meister** mit Werken von Lucas Cranach dem Älteren, Caspar David Friedrich und niederländischen Meistern.

Von Paula via Mohnfeld zur Moderne

Im Zentrum der Gemäldesammlung steht die **französische und deutsche Kunst des 19. und 20. Jh.** So finden sich Werke der Künstlerkolonie Worpswede, etwa Paula Modersohn-Beckers »Stillleben mit Früchten«, die »Camille« von Monet, Werke von

Renoir, Liebermann, Beckmann (Druckgrafiken!), Picasso, den Brücke-Malern usw. Ein Highlight bildet Van Goghs **»Das Mohnfeld«**, dessen Ankauf durch Gustav Pauli, damals Direktor der Kunsthalle, 1911 deutschlandweit einen Kunststreit auslöste, den die Verfechter der modernen Malerei gewannen.

Audio, Video und Licht – Neue Medien

Ganz getreu ihrer Tradition, insbesondere aktuelle Kunst zu sammeln, zeigt die Kunsthalle **Ton-, Video- und Lichtinstallationen** internationaler und deutscher Künstler wie Otto Piene und John Cage. Nicht fehlen darf auch Nam June Paik.

Die Ostertorwachen heute

›Stadtauswärts‹ erblicken Sie rechts und links je einen weißen klassizistischen Säulenbau – die ehemaligen **Torhäuser der Ostertorwache** (1825–28). Abends wurde hier, obwohl es keine Stadtmauer mehr gab, der Zugang zur Stadt verschlossen. Im heutigen Bildhauermuseum **Gerhard-Marcks-Haus 2** musste der Zoll entrichtet werden. Gerhard Marcks (1889–1981) schuf u. a. die Bremer Stadtmusikanten am Rathaus.

Gegenüber steht das frühere Detentionshaus, das **Wilhelm-Wagenfeld-Haus 3**. Der Arbeit des Bremer Designers Wagenfeld (1900–90) verpflichtet, werden in Wechselausstellungen von ihm gestaltete Produkte sowie zeitgenössisches Design präsentiert.

→ UM DIE ECKE

Ein wenig versteckt liegt die denkmalgeschützte **Villa Ichon 4** (Goetheplatz 4, T 0421 32 79 61, www.villa-ichon.de, Ausstellungen Mo 11–13, Di–Fr 11–13, 16–20, Sa 15–18 Uhr). 1849 als spätklassizistisches Wohnhaus erbaut, wird das Gebäude heute vom Verein Freunde und Förderer der Villa Ichon in Bremen e. V. betreut und dient als Forum für Kultur- und Friedensarbeit. Hier werden Lesungen, Vorträge und Ausstellungen veranstaltet. Angeschlossen ist ein italienisches **Restaurant** mit Garten, ein Rückzugsort im Getriebe der Stadt (**Antonios La Villa,** T 0421 98 88 55 55, www.antonios-lavilla-bremen.de, Mo/Di, Do/Fr 12–14, ab 18, Sa/So ab 18 Uhr, €€–€€€).

ÜBRIGENS

Vom Knast zur Designinstitution, das ist der Werdegang einer der beiden Ostertorwachen, des einstigen Detentions- und heutigen **Wilhelm-Wagenfeld-Hauses 3**. Hier war die Giftmischerin Gesche Gottfried bis zu ihrer Hinrichtung 1831 drei Jahre lang inhaftiert. Später inhaftierte die Gestapo hier politisch und rassisch Verfolgte, in den 1980er- und 90er-Jahren saßen hier Abschiebehäftlinge unter menschenunwürdigen Bedingungen ein. Die unrühmliche Geschichte endete 1996, nachdem ein Insasse seine Zelle angezündet hatte und das Obergeschoss fast völlig ausbrannte. An diese Vergangenheit erinnert der Zellentrakt im rechten Flügel, der in die **Dokumentationsstätte Gefangenenhaus Ostertorwache** umgewandelt wurde.

11

Widersprüchlich –
das ›Viertel‹

Ostertor (und Steintor), das ›Viertel‹, ist bunt und individuell, entlang seiner Hauptschlagader, Ostertorsteinweg (O'Way) und Vor dem Steintor durchaus auch schmutzig und laut, in den Seitenstraßen mit ihren typischen Bremer Häusern auch ruhig. Die Häuser sind beliebt, die Mieten steigen – und so verändert das ›Viertel‹, zumindest off the beaten track, sein Gesicht.

Quo vadis, Viertel?

Das Viertel hat seinen Szenecharakter den 1970er- und 80er-Jahren zu verdanken, als sich massive Proteste gegen die geplante Schneise Mozarttrasse (von Rembertiring und Schwachhauser Heerstraße bis Osterdeich) richteten und leer stehende Häuser, Produktionsstätten und Lager instandgesetzt wurden. Zu Letzteren zählt das heutige Kulturzentrum Lagerhaus, wo Kultur geplant und gemacht wird. Hier hat etwa das Kulturfest Breminale seinen Ursprung.

Nachdem zunächst Studenten und die alternative Szene das Viertel dominiert hatten, wandelt es sich in seinen Seitenstraßen zu einer Wohnadresse

Ein kleiner Ökomarkt, Lokale, Läden ... Fahrräder – Viertelflair am Ulrichsplatz

eines gut situierten Mittelstands. Der Wohnraum wird teuer, die Studenten orientieren sich neu. An der berühmt-berüchtigten **Sielwall-Kreuzung,** Endpunkt mancher Demo, sind Dealer und Junkies noch immer da und der O'Way insgesamt besticht noch immer nicht mit schmuck-adretten Fassaden.

So ist er bis heute keine glitzernde Einkaufsmeile. Hier finden Sie Schräges und Skurriles neben alteingesessenen Betrieben, Supermärkte neben Feinkost- und Weinangeboten, preiswerte neben Edelmode, Dönerbuden neben Bistros, Kneipen und Restaurants – und Reminiszenzen an alte Zeiten.

Viertelflair

Ein Gefühl für die Viertel-Atmosphäre gewinnen Sie am **Ulrichsplatz** **1**. Setzen Sie sich in bzw. vor die In-Locations **Engel WeinCafé** **1** oder **IlBlu** **2**. Oder Sie gehen ins **Litfass** **3**. Hier ist es fast wie in den 1970er-/80er-Jahren – ein bisschen heruntergekommen, aber gut für einen Kaffee, Tee oder ein Bier. Ab und an gibt es Livemusik und/oder Ausstellungen. Im Sommer sitzt man auf dem Platz. Dienstags und freitags (12–18.30 Uhr) verstärkt dort ein kleiner **Ökomarkt** das Flair.

Und wenn Sie in die winzige Bernhardstraße einbiegen, entdecken Sie eine kleine Disco: In den 1960er-Jahren war die **Lila Eule** **2** nicht nur ein Jazzlokal, hier politisierte auch Rudi Dutschke, hier versammelte sich die linke Szene.

Zu einem Viertelbummel gehört aber auch ein Besuch im **Heimathaven** **3**, dem neuen Namen von Wilh. Holtorf Colonialwaren, dem 1874 gegründeten Laden mit seiner Jugendstileinrichtung von 1903.

Auf alle Fälle lohnen die Seitenstraßen Abstecher, denn nur so erschließt sich das Viertelflair in seiner Gesamtheit. Warum also nicht bewusst auf der Spur (Alt-)Bremer Häuser wandeln?

Bremer Häusern auf der Spur

Die Geschichte des **(Alt-)Bremer Hauses** begann im 19. Jh. Bremer Kaufleute hatten Geld und investierten in den Wohnungsbau. Meist wurden ganze Straßen(züge) von ein und demselben Unternehmer in einheitlichem Stil gebaut. Da dieser auch die Straßen als solche auf eigene Rechnung anlegen und aus Gründen des Hochwasserschut-

▶ **LESESTOFF**

Die berühmt-berüchtigte Sielwall-Kreuzung kommt auch in Sven Regeners verfilmtem Roman **Neue Vahr Süd** vor. Die Stimmung Ende der 1970er-Jahre zwischen dem alternativen Treiben im Viertel, dem Wohnen in den Siedlungsblöcken in der Neuen Vahr und den politischen Auseinandersetzungen rund um Wehrdienst oder Kriegsdienstverweigerung bilden den Hintergrund für die persönliche Geschichte des Herrn (Frank) Lehmann.

Cityplan: Karte 2, F 6 ; Karte 3, F/G 6 | **Tram** 2, 3 Theater am Goetheplatz, Wulwes-straße, Sielwall, 10 Sielwall

INFOS/ÖFFNUNGSZEITEN

www.dasviertel.de
Lila Eule **2**: ▸ S. 108
Heimathaven **3**: Ostertorsteinweg 6, www.heimathaven.com, Mo–Sa 10–19 Uhr
Engel WeinCafé **1**: ▸ S. 105
IlBlu **2**: Ostertorsteinweg 27, T 0421 42 78 82 77, www.ilblu-bremen.de, Mo–Sa 11.30–23, So 16–23 Uhr, Pizza, Pasta und Risotto €–€€
Litfass **3**: Ostertorsteinweg 22, www.litfass-bremen.de, Mo–Do 10–2, Sa 11–4, So 12–2 Uhr (aktuell: s. Website)

KULINARISCHES FÜR ZWISCHENDRIN

Cremiges italienisches Eis schmeckt bei **Panciera** **4** (Nr. 73, T 0421 70 03 07, tgl. ca. 10–21 Uhr). Das Modegetränk Bubble Tea hat auch vor dem Viertel nicht halt gemacht: **boba & friends** **5** (Nr. 93, www.facebook.com/bobaand friendsofficial, Mo 12–18, Di–Sa 12–20, so 13–19 Uhr).

KAFFEE, TEE UND MEHR

Kaffee & Tee Hemken **1** (Am Dobben 69, www.kaffee-tee-hemken.de, Mo–Do 9/9.30–13, 14.30–18.30, Fr 9–18.30, Sa 10–14 Uhr) röstet die Bohnen 20 Min.

schonend bei niedriger Temperatur. Eine Erinnerung an die vielen kleinen Röstereien, die es früher im ›Viertel‹ gab. Harald Lührs Laden **Buddhawelt Tee-haus und Café** **2** (Vor dem Steintor 30, www.buddhawelt.com, Mo–Fr 10–19, Sa 10–17 Uhr) birgt asiatische Möbel, Buddhafiguren etc. Dazu gibt es vor allem Bio-Tees und schönes Teegeschirr.

MODE EINMAL ANDERS

Angenehm unprätentiöse Mode hat **Petra Lindenberger** **3** (Ostertorsteinweg 76, T 0421 763 70, Mo–Fr 10.30–18, Sa 10.30–16 Uhr), kein Mainstream, aber immer up to date. Edle Schuhe gibt es u. a. bei **der schuh.** **5** (Ostertorsteinweg 61, www.derschuh-bremen.de, Mo–Fr 11–19, Sa 11–18 Uhr).

KUNSTHANDWERK PFIFFIG

Sieben Monate im Jahr stellt die Kerami-kerin Frauke Alber (www.frauke-alber.de) unter dem Label **RAUM Handwerk + Design** **4** (Ostertorsteinweg 69, https://raum-handwerkdesign.de, Sept.–März Mo–Fr 14–18.30, Sa 11–16 Uhr) mit dem Möbelbauer Martin Wilmes und dem Metallgestalter Ruprecht Holsten ihre Arbeiten aus.

zes sowie wegen des hohen Grundwasserspiegels aufschütten musste, war sein Interesse groß, eine optimale Flächenausnutzung zu erzielen. Mietskasernen waren in Bremen ebensowenig erlaubt wie eine Hinterhofbebauung. Die Lösung: schmale, teils ein-, teils mehrgeschossige Reihenhäuser, tief in die Grundstücke hineingebaut. Um Monotonie entgegenzuwirken, wurde u. U. die Fassadengestaltung variiert: unterschiedliche Details, ab und an eine spiegelsymmetrische Anordnung zweier Nachbarhäuser oder die Illusion großzügigerer Fassaden in einer Zeile von sechs oder acht Häusern.

›Reihenvilla‹ in der Kohlhökerstraße

Typisch für ein Bremer Haus sind ein der Straßenaufschüttung geschuldetes Souterrain (als volles Sockelgeschoss nach hinten in den Garten ragend) mit Küche und Vorratskeller, ein Hochparterre mit drei Zimmern, davon zwei durch Schiebetüren verbunden, sodass ein großer Raum von der Straßenbis zur Gartenseite entsteht, ein erster Stock mit Schlafzimmern und ein Dachgeschoss mit weiteren Zimmern. Der Haupteingang, dem häufig ein Wintergarten mit großen, in Eisen gefassten Glasflächen vorsitzt, liegt üblicherweise im Hochparterre.

Nur einen Katzensprung vom O'Way entfernt liegt der nur 3 m breite **Landweg** 4 mit sehr einfachen, eingeschossigen Bremer Häusern (z. B. **Nr. 32–34**). Er mündet auf die von etwas großzügigeren Bremer Häusern gesäumte **Rutenstraße** 5.

Diese trifft auf die **Kohlhökerstraße** 6. Die ärmlichen Behausungen der hier früher ihr Dasein fristenden Kohlhöker wurden von herrschaftlichen, nicht ganz typischen Bremer Häusern verdrängt. Mir fallen immer wieder das Haus **Nr. 19** von 1861 ins Auge – ein großzügiges Stadthaus mit üppigen Stuckaturen – und die prächtigen Häuser **Nr. 52–54** aus den 1870er-Jahren. Ältestes der denkmalgeschützten Häuser ist die **Nr. 62** aus dem Jahr 1846.

Über die Straße Am Steinernen Kreuz gelangen Sie dann in die **Kreftingstraße** 7, die in den 1860er-Jahren angelegt wurde. Hier finden sich zwei- ebenso wie dreigeschossige Häuser. Die Häuser **Nr. 4–7** etwa wurden mit drei Geschossen und zusammenhängenden Fassaden im Stil des Historismus mit klassizistischen Elementen errichtet.

Aber egal, in welche Seitenstraße Sie einbiegen – überall werden Sie einfache oder gar herrschaftliche (Alt-)Bremer Häuser entdecken, bewohnt von unterschiedlichsten Menschen.

Ü
ÜBRIGENS

Als Kohlhöker, an die der Name der **Kohlhökerstraße** erinnert, bezeichnete man Kleinbauern, die hier Anbau betrieben und ihre Ernte, ihren Kohl, dann in der Stadt verhökerten.

Im wahrsten Sinne –
der Bürgerpark

Ein Landschaftspark als Volksgarten, weitläufig und verschlungen, mit Wasser, Bäumen, Gebäuden, Bänken und Skulpturen, das ist der Bremer Bürgerpark. Ein Erholungsareal nur wenige Minuten von der Innenstadt entfernt.

Der Bürgerpark war früher Teil der Bürgerweide. Gräfin Emma von Lesum soll 1032 den Bitten Bremer Bürger entsprochen und ihnen Weideland zugesagt haben – so viel, wie ein Mann binnen eines Tages umschreiten könne. Ihr geiziger Schwager aber wählte einen Krüppel für diese Aufgabe aus …

Ein Central Park für Bremen

1865 entstand die Idee, hier einen Waldpark anzulegen, mit der Umsetzung beauftragte man den Landschaftsgärtner Wilhelm Benque (1814–95). Benque hatte zuvor den New Yorker Central Park gesehen und schuf eine für Deutschland neue Art des Landschaftsparks: weitläufige Grünflächen im Wechsel mit bewaldeten Arealen, verbunden durch

Einfach mal kurz abschalten – auf in den Bürgerpark, und dort nicht auf ›Große‹, aber immerhin auf ›Kleine‹ Fahrt gehen.

INFOS/ÖFFNUNGSZEITEN

www.buergerpark.de

Bootsverleih am Emmasee ❶: bei gutem Wetter 1.5.–14.9. Mo 14–18, Di–Sa 11–18, So 11–17.30, 15.9.–3.10. Mo–Sa 14–17.30, So 11–17. 30 Uhr, Boot ab 7 € (max. 4 Pers.)

Bootsrundfahrt auf der Marie ❷: ab Meiereisee, Sommer Fr 13.30, 15, 16.30, Sa/So, Fei 11.45, 13.45, 15.15, 16.45 Uhr, Stopps auch Emmasee, Tiergehege, Waldbühne, 7,50 €, 6–11 Jahre 5 €, darunter frei, ca. 1,5 Std, fast geräuschlose (Elektromotor) Tour. Die Marie wurde nach alten Bauplänen neu erbaut.

Meierei ❸: T 0421 696 38 60, www. meierei-bremen.de, Bus 22, 28 Parkallee, per Pkw erreichbar, Mi–So ab12, €–€€

KULINARISCHES FÜR ZWISCHENDRIN

Nachmittags hausgemachte Kuchen und Torten, mittags und abends einfach direkt am Wasser genießen: **emma am see ❶** (T 0421 16 82 29 54, www.emma-am-see.de, Bus 25 Weidedamm-Süd, tgl. ab

11 Uhr, Mo/So abends geschl., €€) an, ein 1960er-Jahre-Bau mit Terrasse.

Cityplan: F/G 2–4 | **Tram** 6, 8 Am Stern, **Bus** 26, 27 Bürgerpark

Wege und Wasserläufe, hier und da ein Gebäude eingestreut. Pflanzen und Sträucher, die Bremer Kaufleute aus Übersee mitbrachten, wurden integriert. Zu den ersten Gebäuden im Park zählten das Parkhaus, längst vom Park Hotel abgelöst, die Meierei, das Waldschlösschen (heute die Waldbühne), das Schweizerhaus (Sitz der Parkverwaltung) etc.

Heute bildet der Park (136 ha) mit dem angrenzenden Stadtwald eine Grünfläche von gut 200 ha. Er ist ein echter Bürgerpark, getragen von privaten Zuwendungen: Mitgliedsbeiträge zum Bürgerparkverein, Erlöse aus der Bürgerparktombola, aus Spenden, Vermächtnissen usw. Sie sollten sich treiben lassen und ab und an einen Blick auf **Denkmäler, Bänke** und **Brücken** richten, die nicht selten von Bremer Kaufmannsfamilien gestiftet wurden.

Eine Molkerei im Park

Von der Hollerallee aus fällt als Erstes die prachtvoll-symmetrische Anlage von **Hollersee ❶** und

Das Park Hotel am Hollersee steht in der Tradition dreier Vorgängerbauten.1872/73 entstand hier ein erstes Parkhaus, wie seine Nachfolger diente es als Restaurant und Ort gesellschaftlicher Veranstaltungen. 1956 konnte dann das neu erbaute Park Hotel eingeweiht werden. Inzwischen hat es mehrfache Erweiterungen erfahren. Im Vordergrund die Skulptur »Musik« des weitgehend in Vergessenheit geratenen Bremer Bildhauers Dietrich Samuel Kropp (1824–1913).

▶ INFOS

Wer mehr über die Gebäude, Skulpturen, Brunnen, Brücken, Bänke im Park erfahren möchte, findet auf der Website des Parks unter **www.buergerpark.de/ueberblick/map_detail.php** eine detaillierte Übersicht mit interaktivem Plan.

Park Hotel **2** ins Auge. Hinter dem Hotel bietet sich eine herrliche Sicht über die Große Parkwiese bis zur **Meierei** **3**, die 1880 im Stil eines Schweizer Chalets errichtet wurde – einst mit Kuh- und Kälberstall: Sie war eine echte kleine Molkerei mit Ausschank von Milchgetränken. Doch schon 20 Jahre später wurde hier kein Vieh mehr gehalten, sondern – wie heute – nur noch Gastronomie betrieben. Wer das Glück hat, auf dem großen Balkon einen Tisch zu ergattern – und sei es nur, um einen Kaffee zu trinken –, blickt hinüber zum Park Hotel; vielleicht weiden sogar Kühe auf der großen Wiese. Das Lokal bietet moderne deutsche Küche mit mediterranem, hier und da auch asiatischem Einfluss. Bei gutem Wetter ist auch die Seeterrasse nach Norden zum Meiereisee hin geöffnet.

Ein wunderbarer Blick auf Park Hotel im Süden und Meierei im Norden bietet sich auch von der steinernen **Melchersbrücke** **4** mit ihren Balustraden aus. Schon Benque hatte sie als Unterbrechung der Sichtachse geplant, entworfen hat sie der Architekt Heinrich Müller – und gestiftet der Bremer Überseekaufmann Carl Melchers.

Kleine Details

Beim Spaziergang über die Wege durch Wiesen oder an Wasserläufen entdecken Sie vielleicht das **Schütte-Denkmal** **5** für den Parkmäzen Franz E. Schütte, die steinerne **Römische Bank** **6** im antikisierenden oder die schmiedeeiserne **Heinebank** **7** im Jugendstil. Am **Eichenhain** **8** erinnert der **Benquestein** **9** an den Gartenplaner. Hübsch ist der **Laubengang** **10** aus Hainbuchen mit den Kulenkamp-Bänken. Im Westen liegt das **Tiergehege** **11** mit Ziegen, Schafen, Eseln, Fasanen, Enten etc.

→ **UM DIE ECKE**

Insbesondere in den Monaten April bis September sollten Sie den Weg in die Nordostecke des Parks nicht scheuen. Dann zieht es Jazz- und Bluesfreunde zum Frühschoppen (ab 11.30 Uhr) in die **Waldbühne** **12** (T 0421 21 74 15, www.waldbuehne.com, Bus 22, 28 Parkallee, Mi–Sa ab 12 Uhr, abends geschlossen), heute eine gemütliche Kneipe im gründerzeitlichen Ausstellungspavillon mit Biergarten.

Ausflug ins Grüne –
Radtour entlang der Wümme

Bremen hat auch ländliche Seiten wie das Blockland links der Wümme. Rechts des Flusses setzt das St. Jürgensland (Niedersachsen) die Landschaft fort, die zu den beliebtesten Ausflugszielen nicht nur der Bremer zählt und unter Naturschutz steht.

Wer diese Radrundtour macht, wird Fachwerk- und andere Häuser sehen, die teils noch als Bauernhöfe in Betrieb sind oder aber als Gastwirtschaften die Möglichkeit zur Einkehr bieten. Eine Radtour, bei der Sie die Seele baumeln lassen können. Es ist die Weite der Wiesen, der mäandernde Fluss, das Rauschen des Schilfröhrichts. Die Chance, Kühe und Pferde weiden zu sehen,

Wer im Winter diese Tour unternimmt, muss mit munterer Gesellschaft rechnen – Menschengruppen mit Bollerwagen, Bier und Schnaps und womöglich boßelnd sind auf Kohltour unterwegs.

INFOS/ÖFFNUNGSZEITEN

Natur und mehr: www.blockland.de, www.kulturland-teufelsmoor.de, www.bund-bremen.net

Routeninfo: Hauptroute von/nach Kuhgrabenweg/Parkallee–Tram 3 Truperdeich ca. 39 km, via Jan-Reiners-Weg ca. 48 km. Fähre Wümmeblick, Fähre Zur Schleuse, bei Redaktionsschluss stand noch nicht fest, ob sie ab 2023 wieder fahren können.

(Bio-)Hof Kaemena 3: Niederblockland 6, Bremen, T 0421 27 33 68, www.kaemena-blockland.de, Hofgalerie, Eiscafé, Ferienwohnungen. Galerie/Café: ca. Mitte/Ende März–Okt. tgl. 12–18 Uhr, bei Schlechtwetter geschl.

Haus am Walde 1: ▶ S. 94

Landhaus Kuhsiel 2: Oberblockland 2, Bremen, T 0421 301 68 51, www.kuhsiel.de, Mi–Mo ab 10 Uhr, €–€€/€€€. Frühstück (bis 12 Uhr), Mo, Mi–Fr extra Mittagstischkarte (12–16 Uhr), nachmittags hausgebackener Kuchen und ansonsten: Deftiges aus der Region und natürlich Saisonales von Spargel bis Grünkohl.

Gartelmann's Gasthof 3: Oberblockland 14, Bremen, T 0421 27 28 12, www.gartelmann-gasthof.de, zzt. (Juni 2022) nur Sa/So, aktuelle Infos s. Website. Alles rund um die Bratkartoffel.

Melkhus 4: Hagensfähfer Weg 1, Ritterhude, T 04292 12 92, www.melkhus-wümmedeich.de, Mai–Okt. Di–Fr 13–18, Sa/So 10–18 Uhr. Hausgemachtes mit Milch, Joghurt, Quark; Kuchen, Eis; Garten.

Wümmeblick 5: Höftdeich 11, Lilienthal, T 04292 95 16, www.wuemmeblick.de, April–Mitte Okt. Mi–Fr ab 12, Sa/So, Fei ab 11 Uhr (bis ca. 22 Uhr), Winter Mi–Fr ab 17, Sa/So ab 11 Uhr, €–€€/€€€. Deftig Norddeutsches vom Matjesbrot bis zu Labskaus, Schnitzel, Steak und Fisch, kleine vegetarische/vegane Auswahl, Biergarten.

Zur Schleuse 6: Truperdeich 35, Lilienthal, T 04298 20 25, www.geffken-zur-schleuse.de, Mi–So ab 11, warme Küche 12–21 Uhr. Die Geffkens sind in Bremen und umzu berühmt für alles rund um Bratkartoffeln, etwa Knipp, Beutelwurst, auch Fisch und Wild. Jürgen Geffken hält die Tradition des einstigen ›Imperiums‹ weiter hoch. Verwendet werden regionale Produkte. Sommergarten. Preise ähnlich Wümmeblick.

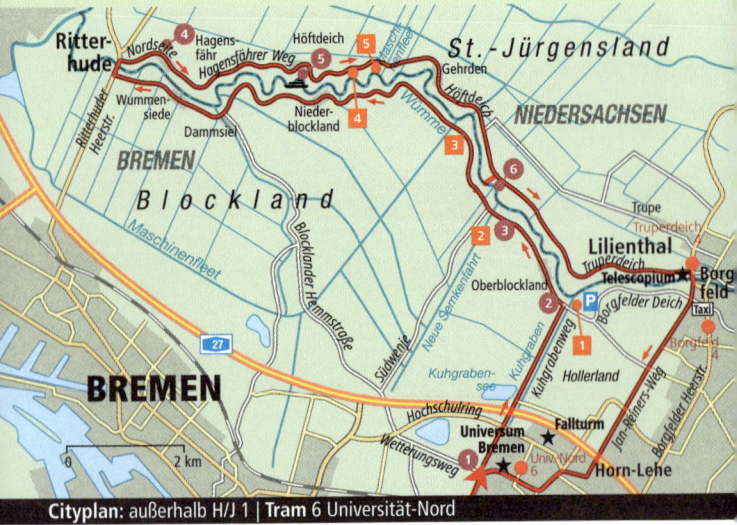

Cityplan: außerhalb H/J 1 | **Tram 6** Universität-Nord

ist groß. Ob Sie auch das Glück haben, Frösche quaken zu hören, Rehe, Greifvögel, Enten, Schwäne, Graureiher, Rohrweihen oder Fischotter zu erspähen, bleibt dem Zufall überlassen, denn Gehege gibt es nicht.

Die Wümme mäandert gemächlich durch die Blockland-/St.-Jürgensland-Niederung, zieht weitere oder engere Schleifen, lässt sich von der Deichkrone oder aus dem Garten eines der Gasthöfe in Muße betrachten.

Idyll an der Wümme – hoffentlich kann man bald wieder vom Anleger in Höftdeich per kleinen Boot mitsamt Fahrrad ans andere Ufer der Wümme übersetzen. Auf Bremer Seite ist Land weggebrochen und es muss ein neuer Anleger installiert werden.

Das Blockland heute

Das Blockland wurde ebenso wie Hollerland und St. Jürgensland ab 1113 im Auftrag des Bremer Erzbischofs von Holländern erstmals kultiviert. Es bildet heute mit 3000 ha das größte zusammenhängende Agrargebiet Bremens. Die Kanäle bzw. Gräben, die das Land durchziehen, dienten und dienen primär der Entwässerung der Wiesen – anmooriges Marschland, das früher zum Überschwemmungsgebiet von Weser bzw. Wümme gehörte. Gräben schließen in mehr oder weniger regelmäßigen Abständen rechteckige Landstücke – Blöcke – ein, daher rührt auch der Name Blockland. Oder aber sie dienten wie die Neue Semkenfahrt als Torfkanäle dazu, den Torf, einst wichtiges Brenn- und Heizmaterial, aus dem Teufelsmoor nach Bremen zu bringen. Heute betreiben noch ca. 40 kleine und mittlere Bauernhöfe im Blockland Milchwirtschaft. Die Hofgebäude liegen auf oder gleich hinter dem Deich.

Von der City ins Blockland

Vorbei oder durch Bürgerpark und Stadtwald radeln Sie zum **Haus am Walde** ❶ am Kuhgrabenweg, wo die Tour beginnt. Fast schnurgerade führt er zur Wümme und trifft dann an der **Kuhgrabenschleuse** 🟧1 auf den Wümmedeich. Vielleicht haben Sie Glück und erleben eine kleine Bootsschleusung. Hier biegen Sie links ins Oberblockland ab und können eine erste Rast im **Landhaus Kuhsiel** ❷ einlegen, übrigens das letzte Haus in unserer Fahrtrichtung, das auch Nicht-Anlieger per Pkw anfahren dürfen. Danach gehört der asphaltierte Weg Fußgängern, Radfahrern, Skatern und Anliegern. Die Strecke ist außerordentlich beliebt.

Kurz hinter dem alten Torfkanal (Neue) **Semkenfahrt** 🟧2 – im Winter hoffen alle, dass sie zum

ÜBRIGENS

Kennen Sie den
hl. Jürgen? Vermutlich
ja, als hl. Georg. Da, wo
heute (abseits unserer
Route) die St.-Jürgens-
Kirche steht, ließ Bischof
Ansgar von Bremen 865
eine Kapelle errichten,
geweiht dem hl. Georg.
Der ›ersetzte‹ im Zuge
der Christianisierung oft
den germanischen Odin
(Wodan) – und gilt als
einer der 14 Nothelfer.
Half zunächst nicht, denn
immer wieder suchten
Überschwemmungen das
Land heim, vernichteten
Hab und Gut der Men-
schen. Doch der Name **St.
Jürgensland** passt dop-
pelt. Das Land wurde zum
Schutz eingedeicht. Zwar
nicht vom Moorkom-
missar Jürgen Christian
Findorff – Nomen est
omen und hier schließt
sich der Kreis –, der im
18. Jh. das Teufelsmoor
trockenlegen ließ, sondern
von holländischen Sied-
lern (auf Blockland-) bzw.
den Klöstern Osterholz
und Lilienthal (12./13. Jh.)
auf St. Jürgens Seite.

Eislaufen freigegeben wird – erreichen Sie **Gartelmann's Gasthof** ❸ und dann den Bauernhof
der Familie **Kaemena** 🄳 mit Hofgalerie, Eiscafé
und Ferienwohnungen. Von hier sind es noch ca.
6,5 km bis zur Ritterhuder Heerstraße.

Auf niedersächsischer Seite – das St. Jürgensland

In die Heerstraße biegen Sie nur ein, um nach
Queren der Wümme rechts in die Deichstraße auf
niedersächsischer (Ritterhuder) Seite, die hier zunächst Nordseite heißt, zu fahren. Achtung: Auf
der kurvenreichen Strecke können Ihnen Autos
entgegenkommen! Die kleine Straße führt unter-
halb des Deichs entlang, während sich links das
weite St. Jürgensland erstreckt. Wer eine Erfri-
schung benötigt, kann am **Melkhus** ❹ Rast machen. Ein Stück weiter bietet der beliebte Gasthof
Wümmeblick ❺ – mit Biergarten und Bootsanleger
direkt am Fluss – deutsche Küche mit regionalen
Spezialitäten. Hier legen auch Boote aus Lesum
etc. an. Schön wäre es, wenn die Minifähre über
die Wümme wieder in Betrieb gehen würde.

In der **Galerie Höftdeich** 🄴 können Sie noch
einmal Kunst schnuppern, bevor Sie am Maschi-
nenfleet das **Schöpfwerk Höftdeich** 🄵, ein Pum-
penhaus vom Ende des 19. Jh., passieren. Damals
mit Dampf betrieben (heute elektrisch), dient es
dazu, das im Winter – zwecks Schlickgewinnung
zur Düngung der Wiesenflächen – bewusst auf-
gestaute Überschwemmungswasser der Wümme
im Frühjahr zurückzupumpen.

Und dann ist der **Gasthof Zur Schleuse** ❻ er-
reicht. Spätestens hier sollten Sie auf die Deichkrone gehen. Von der Terrasse bietet sich ein schöner
Blick auf die Wümme, die sich an dieser Stelle in
relativ weitem Bogen windet. Lauschen Sie dem
Schilf und genießen Sie den Blick aufs Wasser. Falls
die kleine **Fähre** in Betrieb sein sollte, können Sie
hier übersetzen und dann am anderen Ufer via
Kuhgrabenweg zurück in die Stadt radeln. Ansonsten heißt es, über den Truperdeich bis zum
Jan-Reiners-Weg und auf diesem via Universität
(ausgeschildert) in die City zurückradeln.

Pedalmüde können die Strecke abkürzen und
fahren via Truperdeich bis zur Hauptstraße in Lilienthal und von dort mit der Linie 4 zurück in
die Stadt.

An der Außenweser –
Bremerhavener Havenwelten

14

Bremens 60 km entfernte Schwesterstadt an der Außenweser sucht den touristischen Anschluss und wuchert verstärkt mit dem Pfund ihrer Lage an der Außenweser – insbesondere Klimahaus und Auswandererhaus ziehen die Besucher an.

Im 19. Jh. war die Weser stromaufwärts so stark versandet, dass Hochseeschiffe die Bremer Häfen nicht mehr anlaufen konnten. 1827 konnte der Bremer Bürgermeister Johann Smidt dem König von Hannover Land zwischen Geeste und Weser abkaufen, ein neuer Hafen entstand – der Beginn Bremerhavens.

Die Stadt kämpft mit dem Strukturwandel, etwa mit den Veränderungen in der Hafenwirtschaft – mit der auf 5 km verlängerten Stromkaje des Container-Terminals 4 hat bremenports ein Zeichen gesetzt. Immerhin zählt Bremerhaven zu

»Sailing, sailing over the deep blue sea, ...« – das Atlantic Sail City ragt über den Havenwelten auf, ihm vorgelagert das Klimahaus 8° Ost, in dem auch der Klimawandel thematisiert wird ...

den größten Container- und Autoumschlagplätzen Europas.

Aufbruch in die neue Welt

Bremerhaven war einer der großen Auswandererhäfen Europas, über 7 Mio. Menschen sind seit dem Ende des 18. Jh. von hier in die neue Welt aufgebrochen. Grund genug, das **Deutsche Auswandererhaus**  (DAH) zu errichten. Hier können die Besucher auf den Spuren der Auswanderer wandeln. Treten Sie die Reise an – in der **Wartehalle**. Stehen Sie an der **Kaje** zwischen den Menschen von damals. Gehen Sie **an Bord.** Reisen Sie in einfachsten Kojen auf einem Segelboot von 1850 oder schon etwas bequemer, selbst in der dritten Klasse, auf dem Ocean Liner Columbus von 1929. Und dann ist die Hürde der Einwanderung zu nehmen – **Ellis Island.** Mit ein wenig Glück (wobei, ist ja alles nur Attrappe, es gibt natürlich keine Einreisekontrolle) erreichen Sie den prächtigen **Grand Central Terminal** von New York. Spannend sind aber vor allem die individuellen Geschichten, die Schicksale der Menschen, die über Bremerhaven Europa verließen, um ihr Glück in der Ferne zu suchen. Von einigen sind nur Namen und Tag der Abfahrt bekannt. Von anderen weiß man mehr. In der **Galerie der 7 Millionen** können Sie deren Leben nachspüren.

Das DAH befasst sich auch mit der Immigration nach Deutschland, ist eine Stätte der Migrationsforschung. Folgerichtig widmet sich der neue Erweiterungsbau u. a. dem **Thema Migration/Migrationskonflikte,** z. B. im Saal der Debatten.

Von Weltreisen und Klimaschutz

Stehen Sie vor dem DAH am Neuen Hafen, fällt der Blick auf das **Klimahaus 8° Ost** , das von außen entfernt an das Burj el-Arab erinnernde **Atlantic Hotel Sail City**  mit einer Aussichtsplattform in 86 m Höhe sowie die Einkaufswelt **Mediterraneo** .

Das Klimahaus 8° Ost nimmt seine Besucher entlang Bremerhavens Längengrad auf eine Reise zu den **Wetterphänomenen** und **Klimazonen** unseres Planeten mit: Gletscher und Sandstürme, Tropenwald und ewiges Eis. Sie erleben die klimatischen Bedingungen etwa auf Sardinien (aus der Insektenperspektive), in Kamerun, in der Antarktis, auf Samoa oder einer kleinen Hallig in der

Der Globus am Deutschen Auswandererhaus weist darauf hin – die Welt ist groß und weit. Wir Menschen leben und bewegen uns auf ihr, mal freiwillig, mal notgedrungen. Hier im DAH geht's um Schicksale, die Menschen in die weite Welt (USA) hinaus – oder heute nach Deutschland – geführt haben und führen.

Nordsee. Sie schwitzen oder frieren, Sie wandern oder relaxen auf dieser kleinen Abenteuerreise durch die Welt. Darüber hinaus werden die **Ele-**

INFOS/ÖFFNUNGSZEITEN

www.bremerhaven.de: Stadtinfos
Tourist-Info: T 0471 41 41 41 (Mo–Fr 9–15.30 Uhr); **Hafeninsel,** H.-H.-Meier-Str. 6, T 0471 80 93 61 23, tgl. 9.30–17 Uhr; **Schaufenster Fischerei-hafen,** Am Schaufenster 5, T 0471 80 93 61 27, tgl. April–Okt. tgl. 9.30–17 Uhr
Hafenbus 8 : ▶ S. 113
Hafenrundfahrten 6 , 7 : ▶ S. 113
Deutsches Auswandererhaus (DAH) 1 : Columbusstr. 65, T 0471 90 22 00, www.dah-bremerhaven.de, tgl. März–Okt. 10–18, Nov.–Febr. 10–17 Uhr, Einlass bis 1 Std. vor Schließung, 18,50 €, 5–16 Jahre 9 €, Familientickets
Klimahaus 8° Ost 2 : Am Längengrad 8, T 0471 90 20 30-0, www.klima haus-bremerhaven.de, ganzjährig Sa/So, Fei (außer 24./25., 31.12, 1.1.) 10–18, März–Juni Mo–Fr 9–18, Juli/Aug. Mo–Fr 9–19, Sept.–Febr. Mo–Fr 10–18, ab 18 €, ermäßigt und 14–17 Jahre ab 14 €, 4–13 Jahre ab 10 €
Aussichtsplattform Sail City 3 : Atlantic Hotel Sail City, Am Strom 1, T 0471 30 99 00, tgl. April–Sept. 9–21, Okt.–März 10–17 Uhr, 4 €, 2–12 Jahre 3 €, Familien (2 Erw., bis zu 3 Kinder) 11€
Mediterraneo 4 : Am Längengrad 12, www.das-mediterraneo.com, Shops Mo–Sa 10–19, Gastronomie tgl. 9–22 Uhr
Schulschiff Deutschland 5 : Neuer Hafen, https://schulschiff-deutschland.de, März–Okt. tgl. 10–18, sonst 10–17 Uhr, Fr, 2., 4. Sa/Monat u. U. zeitweise geschl., 4 €, 7–14 Jahre 2,50 €, 3–6 Jahre 1 €, Familien 10 €; Übernachten ▶ S. 89
Deutsches Schifffahrtsmuseum 6 : Hans-Scharoun-Platz 1, T 0471 482 07-0, www.dsm.museum, Mitte März–Mitte Nov. tgl. 10–18 (Schiffe bis 17.45), sonst nur Gebäude Di–So 10–18 Uhr, Gebäude/Schiffe 6/3 €, Familien 14/8 € (Bereiche

wegen Umbaus geschl.), U-Boot, www.u-boot-wilhelm-bauer.de, Mitte März–Anf./Mitte Nov. tgl. 10–18/19 Uhr, 3,50/2,50 €

KULINARISCHES FÜR ZWISCHENDRIN

Fisch und mehr gibt es u. a. in der
Strandhalle 1 (H.-H.-Meier-Str., T 0471 460 61, www.strandhalle-bremer haven.de, Di–Fr ab 12, Sa/So, Fei ab 9 Uhr, Küche 12–14.30, 18–21.30 Uhr €–€€/€€€ mit Terrasse und beim Klassiker
Natusch 2 (Am Fischbahnhof 1, T 0471 710 21, www.natusch.de, Bus 514 Am Fischbahnhof, Di–Do 11.45–15, 17.30–21.30, Fr/Sa 11.45–15, 17.30–23, So 17.30–21 Uhr, €€–€€€).

Cityplan: Karte 5 | **Zug** Bremen Hbf–Bremerhaven Hbf, dann **Bus** HL, 504, 505, 506, 509 Havenwelten, **Bus** HL, 514 Schaufenster Fischereihafen

Als Insekt unterwegs – im Klimahaus 8° Ost

Ursula Feldkamp hat sich dem Thema Frauen an Bord gewidmet, schreibt über ihre Stellung an Bord, über Anfeindungen, Übergriffigkeiten, denen sie ausgesetzt waren, nicht zuletzt anhand von Selbstzeugnissen zur See fahrender Frauen, und spannt den Bogen bis hin zur Frage, warum sie heute relativ wenige Frauen – und das nicht nur in der Seefahrt – Führungspositionen besetzen.
Ursula Feldkamp:
Frauen an Bord von Frachtsegelschiffen 1850–1939 in autobiografischen Quellen.
Schriften des Deutschen Schiffahrtsmuseums, Band 75, Wiefelstede 2014.

mente (Feuer, Wasser, Erde, Luft) und ihr Einfluss auf Klima und Wetter thematisiert. Immer im Fokus: **Klimaentwicklung** und **Klimaschutz,** die Problematik des Klimawandels.

Seefahrerlatein und mehr

Reisesehnsucht wecken auch die **Dampf-, Motor- und Segelschiffe,** die den Neuen und Alten Hafen beleben. Wobei zumindest die alten Segelschiffe wohl weitgehend klimaschonend auf großer Fahrt waren. 2021 hat im Neuen Hafen das **Schulschiff Deutschland** 5 seine neue Heimat gefunden. Der 1927 bei der Werft J. C. Tecklenborg vom Stapel gelaufene 86 m lange Großsegler ist das einzig erhaltene Vollschiff der deutschen Schifffahrtsgeschichte.

Das **Deutsche Schifffahrtsmuseum** 6 und seine im Museumsgebäude und im Alten Hafen zu besichtigenden Schiffe erzählen von der Seefahrt – im Mittelalter, im Industriezeitalter, bei der Marine, der Fischerei (u. a. Walfang) etc. Besonders relevant ist die im Haus ausgestellte Kogge von 1380, geborgen aus einem Bremer Hafenbecken. Spannend auch die Geschichte der Navigation auf See – wie fanden die Seeleute früher ihren Weg – ohne Satellitennavigation – und wie heute? Interessant sind im Museumshafen z. B. das Schnellboot Kranich und das U-Boot Wilhelm Bauer.

Große Schleusen und gewaltige Schiffe

In Bremerhaven bietet sich die Gelegenheit, moderne Hafenwirtschaft auf einer **Hafenrundfahrt** vom Wasser aus zu erleben. Die Stadt ist insbesondere ein Zentrum für Container- und Autoumschlag. So ist die Stromkaje mit fast 5 km der längste zusammenhängende Containerterminal der Welt. Mit dem Columbus Cruise Terminal besitzt die Stadt darüber hinaus einen großen Anleger für Kreuzfahrtschiffe. Die Routen der Rundfahrtanbieter HaRuFa, Start am **Neuen Hafen** 7, und Hal över, Start **Seebäderkaje** 8, weichen etwas voneinander ab. Am besten fragen Sie vor Ort oder informieren sich vorab auf der jeweiligen Website, um die für Sie richtige Wahl zu treffen.

Wer binnenseits einen Einblick in den Hafen gewinnen möchte, der kann eine spannende Zwei-Stunden-Rundfahrt mit dem **Hafenbus** 9, einem gelben Doppeldecker, unternehmen. Am besten starten Sie die Tour im Schaufenster Fischereihafen (Personalausweis/Reisepass nicht vergessen!).

→ **UM DIE ECKE**

Ein Anziehungspunkt, nicht nur für Bremer und Bremerhavener, ist das **Schaufenster Fischereihafen** 10 (An der Packhalle IV, T 0471 301 00 03, www.schaufenster-fischereihafen.de). Hier können Sie Maritimes erstehen, Fisch essen (ein Lokal reiht sich ans nächste) und kaufen. Unterschiedlichste Veranstaltungen vom Bauernmarkt über Fischparty, Oldtimertreffen bis zu Musikevents (Sommer-Open-Airs mit Tributebands!) oder Freiluftkino (s. Website) erhöhen die Attraktivität.

Nicht zum ersten Mal sorgte der **Zoo am Meer** 11 (H.-H.-Meier-Str. 5, T 0471 308 41 41, www.zoo-am-meer-bremerhaven.de, April–Sept. tgl. 9–19, März, Okt. 9–18, Nov.–Febr. 9–16.30 Uhr, 9,50 €, ermäßigt 7 €, 4–14 Jahre 6 €, Familien 25/16 €, Mo günstiger) im Dezember 2019 mit Eisbärennachwuchs für mediales Interesse – diesmal sogar mit Zwillingen. Neben Eisbären leben hier Seelöwen, Pinguine, Affen, Meeresvögel etc. Von hier aus können Sie auf dem **Deich** bis zum **Pingelturm** 12, dem Kaiserschleuse-Ostfeuer, gehen. Dahinter liegen Kaiserhafen, Kaiserschleuse und Stromkaje.

ÜBRIGENS

Nichts als männlicher Selbstschutz? »Frauen an Bord bringen Unglück«, den Spruch kennt jeder. Vermutlich ging es tatsächlich nur darum, ›Balzkämpfe‹ an Bord zu vermeiden, wenn die *Mann*schaft über Wochen und Monate fern der Familie auf See war. Dennoch fuhren Frauen auch in früherer Zeit (mit) zur See. Teils heimlich, teils erwünscht – dann ihre Männer begleitend, um etwa die ›Hausarbeit‹ an Bord zu erledigen. Offiziell als Besatzungsmitglieder unterwegs waren sie in den 1930er-Jahren auf Schiffen des finnischen Reeders Gustaf Eriksson – doch nie als Offizier oder Kapitän. Das gab's früher nur in ›illegaler‹ Form: In China machte Cheng Sao (Zheng Yisao) Anfang des 19. Jh. als Piratin Furore, in Europa waren es ein knappes Jahrhundert zuvor Anne Bonn(e)y und Mary Read.

15

Ausflug ins Künstlerdorf – **Worpswede**

Wie der Zufall so spielt … Hätte Fritz Mackensen in Düsseldorf, wo er Kunst studierte, nicht die Worpsweder Kaufmannstochter Mimi Stolte kennengelernt, würde heute wohl kaum jemand Worpswede kennen. So aber wurde ein kleines Bauerndorf auf dem nur 57 m hohen Weyerberg mitten im Teufelsmoor zur Künstlerkolonie.

Gebogenes Fachwerk, merkwürdige Dachfirste, vorspringende Ziegel – das galt als ›verrückt‹, Hoetger ließ auch die Handwerker in die Gestaltung eingreifen.

Weil Mimi so von ihrer Heimat schwärmte, besuchte Mackensen (1866–1953) 1884 erstmals Worpswede. Das Licht- und Farbspiel von Sonne und Wolken, von Nebel und Regen über moorschwarzem Land, den Wiesen und kieferngesäumten Wegen, den Wasserläufen, auf denen Torfkähne mit dunklen Segeln fuhren, beeindruckten ihn tief. Übrigens: Da, wo Stoltes in der Findorffstraße ihren Laden hatten, befindet sich heute ein Raum für (zeitgenössische) Kunst, **Mimis Erbe** 1. Und ein Stück die Straße hinauf arbeiten in **Haus 6** 2 junge Kunstschaffende in ihren Ateliers.

Die Künstlerkolonie

Doch zurück in alte Zeiten. 1889 ließ sich **Fritz Mackensen** mit seinen Künstlerfreunden **Otto Modersohn** (1865–1943) und **Hans am Ende** (1864–1918) in Worpswede nieder. Bald stießen **Fritz Overbeck** (1869– 1909) und **Heinrich Vogeler** (1872–1942) hinzu. Auch **Paula Becker** kam nach Worpswede, wo sie 1901 Modersohn heiratete. Zu ihrem Kreis, in dessen Mittelpunkt bald Heinrich Vogeler stand, gesellten sich die Malerin/Bildhauerin **Clara Westhoff** (1878–1954) sowie deren späterer Mann, der Lyriker **Rainer Maria Rilke** (1875–1926). 1914 zog der expressionistische Künstler und Baumeister **Bernhard Hoetger** ins Künstlerdorf. Weitere Generationen Kunstschaffender folgten – bis heute.

Zu den Highlights im Künstlerdorf

Bernhard Hoetger schuf das Ensemble aus **Großer Kunstschau 3** und **Kaffee Worpswede 4**. Der Volksmund bezeichnet Letzteres als **Kaffee Verrückt,** da Hoetger hier seiner Fantasie einmal mehr freien Lauf ließ: Das Ziegelstein-Fachwerkhaus verbindet Expressionistisches mit Elementen aus der nordischen Mythologie und von Kulturen exotischer Völker. Am Weg stoßen Sie auf Skulpturen Hoetgers, etwa den **Bonzen des Humors.** Den **Brunnen** vor dem Kaffee schuf der Bildhauer Waldemar Otto. Die **Kunstschau** zeigt Werke der alten Worpsweder und im neueren Westflügel wechselnde Ausstellungen oft zeitgenössischer (nicht nur Worpsweder) Kunst.

Die **Worpsweder Kunsthalle 5** geht auf die Anfangszeit der Künstlerkolonie zurück, als Friedrich (I) Netzel Worpsweder Kunstschaffenden Ausstellungsfläche bot. Zu sehen sind Bilder aus der Sammlung und Wechselausstellungen.

Auf dem Weg durch das Wäldchen zum Barkenhoff lohnt die **Käseglocke 6** mit regionaler angewandter Kunst einen Blick. Ihren Namen verdankt sie der eigenwilligen Kuppelform. Edwin Könemann erbaute sie 1926 nach einer Skizze Bruno Tauts.

1895 erwarb Heinrich Vogeler ein Bauernhaus, das er umbaute: Der **Barkenhoff 7** wurde zum lebendigen Gesamtkunstwerk und Künstlertreff. Nach dem Ersten Weltkrieg wandelte der als Jugendstilkünstler bekannte Vogeler, nun radikaler Linker, das Haus in eine Kommune um. Zu sehen sind Werke Vogelers: Gemälde, Grafiken, Design

ÜBRIGENS

Kennen Sie den Ausdruck **Malweiber?** Eine ursprünglich despektierliche Bezeichnung für jene jungen Künstlerinnen, die um die Wende vom 19. zum 20. Jh. malen wollten – und das auch in der freien Natur. Frauen war bis 1918 der Zugang zu den Kunstakademien verwehrt. Sie waren auf privaten Unterricht bei männlichen Kollegen angewiesen. Ernstnehmen wollten sie auch nur die wenigsten – und das obwohl großartige Künstlerinnen unter ihnen waren. Wegbereitend für die nachfolgende Kunst des 20. Jh. wurde, betrachten wir einmal die Worpsweder Szene jener Zeit, keiner der männlichen Kollegen, sondern eine Frau, Paula!

Lachend sitzt er da und lässt sich fast alles gefallen – Hoetgers Bonze des Humors.

ANREISE

Bus: s. u.

Mooreexpress: www.moorexpress.net, Mai–3.10. Sa/So, Fei, ab Bremen Hbf, Zeiten, Preise, Sonderfahrten s. Website

INFOS/ÖFFNUNGSZEITEN

Tourist-Info: Philine-Vogeler-Haus, Bergstr. 13, T 04792 93 58 20, www. worpswede.de, April–Okt. Mo–Sa 10–17, So 10–15, sonst tgl. 10–15 Uhr

Museumsverbund: www.worps wede-museen.de, Kombikarte Große Kunstschau, Worpsweder Kunsthalle, Barkenhoff, Haus im Schluh 19/12,50 €

Mimis Erbe 1 : Findorffstr. 10, www. mimis-erbe.com, Sa/So 13–17 Uhr

Kunst- und AtelierHaus6 2 : Findorff- str. 6, www.kw-randlage.de/haus6.html

Große Kunstschau 3 : Lindenallee 5, T 04792 13 02, 8/5 €, März/April–Anf. Nov. tgl. 10–18, sonst Di–So 11–17 Uhr, 8/5 €

Kaffee Worpswede 4 : Wiedereröff- nung 2023 geplant

Worpsweder Kunsthalle 5 : Berg- str.17, T 04792 12 77, wie 3 , 6/3 €

Käseglocke 6 : T 04792 95 05 05, www.freunde-worpswedes.de, s. Website

Barkenhoff 7 : Ostendorfer Str. 10, T 04792 39 68, Zeiten wie 3 , 7/4 €

Museum am Modersohn-Haus 8 : Hembergstr. 19, T 04792 47 77, www. museum-modersohn.de, Mitte März–Okt. Mi–So 13–17 Uhr, 5 €, Familien 9 €

Haus im Schluh 9 : Im Schluh 33, T 04792 522, www.vogeler-worpswede. de, März/April–Anf. Nov. Di–Fr 14–18, Sa/ So 10–18 Uhr, sonst wie 3 , 6/3,50 €

Zionskirche 10 : An der Kirche 5, T 04792 963 35, tgl. 10–17 Uhr

SHOPPEN

Viele kleine Läden liegen an der **Berg- straße.** Von Souvenirs über Kunst- handwerk oder Kleidung bis zu edlem Schmuck in der Goldschmiede **Uphoff** 2 (Nr. 36, www.goldschmiede-uphoff.de).

KULINARISCHES FÜR ZWISCHENDRIN

An der Bergstraße können Sie in Cafés und Bistros einkehren – alle mit Terrasse. Beliebt ist das kleine **Berg & Tal** 3 (Nr. 5b, www.bergundtal-worpswede.de, Do–Sa 17–23, So 12–18 Uhr, €–€€, schöne Drinks und Weine). Gut zum Sehen und Gesehenwerden ist das Café- Bistro des Hotels **Village** 4 (Nr. 22, T 04792 935 00, www.village-worpswe de.de, Mi–So 11–19 Uhr, €) – mit Galerie. Gut essen können Sie **Zum Hemberg** 5 (Hembergstr. 28, T 04792 987 84 88, www.zum-hemberg-worpswede.de, Mo/ Di, Fr 12–14, 17.30–21, Sa/So 12–14, 18–21 Uhr, €€–€€€), im **Paulas** 6 (Hotel Worpsweder Tor, Findorffstr. 3, T 04792 989 30, www.worpsweder-tor.de, Di–Sa 18–23, Küche bis 21.30 Uhr, €€– €€€) oder im Vogeler-Bau **Worpsweder Bahnhof** 7 (Bahnhofstr. 17, T 04792 987 83 33, www.restaurant-worpswe der-bahnhof.de, Mi 17.30–22, Do–So 12–14.30, 17.30–22 Uhr, €€).

Cityplan: Karte 5 | **Bus** 670 ab Bremen ZOB (Preisstufe C) bis Worpswede (Hemberg oder Insel), **Moorexpress** (s. o.)

von der Jugendstilperiode bis zu seinem vom sozialistischen Gedanken geprägten Spätwerk. Schon Gebäude und Garten sind einen Besuch wert.

Zum **Museum am Modersohn-Haus** **8** mit einer Privatsammlung Worpsweder Kunst gehört das frühere (Holz-)Haus Paula Modersohn-Beckers.

Ins **Haus im Schluh** **9**, zwei reetgedeckte Fachwerkhäuser, hatte sich Vogelers erste Frau Martha zurückgezogen. Die Nachfahren haben hier ein sehenswertes Museum zu Martha und Heinrich Vogeler geschaffen, mit Handweberei und Ferienwohnungen.

Morgens im Teufelsmoor

Glaube, Schabernack und Totenruhe

Zurück im Ortskern lohnen **Zionskirche** **10** und **Friedhof.** Der Moorkommissar Jürgen Christian Findorff veranlasste 1757–59 den Bau dieser ältesten Kirche im Moor. In ihrem Inneren malten Paula (Modersohn-)Becker und Clara (Rilke-)Westhoff als Strafe für ein Glockenläuten Blumenfresken und Engelsköpfe (1900). Auf dem Friedhof ruhen u. a. Paula, Hans am Ende und Fritz Mackensen.

Ü
ÜBRIGENS

→ UM DIE ECKE

Am Rand des alten Ortskerns lockt ein großes, altes Bauernhaus, die **Casa di Mobili** **1** (Straßentor 2, www.casa-di-mobili.de, Di–Sa 10–13, 15–18, So, Fei außer Neujahr, Ostern, Weihnachten 13–18 Uhr), mit schönen Möbeln, Wohnaccessoires und Kulinaria. Weiter geht's zur **Hamme** **11** (3 km ab Ortsmitte, Autozufahrt möglich). Licht, Wolkenspiel und Landschaft sorgen hier für Teufelsmoorfeeling. Machen Sie einen Spaziergang durch die Wiesen, baden Sie am Hammestrand im moorig-schwarzen Wasser oder unternehmen Sie eine **Torfkahnfahrt** (www.torfschiffe.de, Mai–Okt. Di, Do, Fei 14, Sa 14, 16, So 12, 14 Uhr, 15/9 €). Drinnen oder auf einem Ponton in der Hamme oder unter Bäumen bekommen Sie im Bistro **Hammehafen** **1** (T 04792 509, www.hammehafen.de, April–Okt. tgl. 12–21 Uhr, €, Selbstbedienung) Salate, Currywurst, Flammkuchen, Matjes, Knipp und mehr – immer wieder gibt's auch Livemusik. Oder Sie wählen die **Hamme Hütte Neu Helgoland** **2** (Hammeweg 19, T 04792 76 06, www.hammehuette.de, Saison Di–So 11–22, warme Küche 11–14.30, 17–21 Uhr, s. auch Website, €–€€).

Eine Institution mit nationalem und internationalem Renommee ist längst die **Music Hall Worpswede** geworden, in der gern auch Künstler, die sonst größere Rahmen gewöhnt sind, auftreten. Ob Inga Rumpf, Gustav Peter Wöhler, Manfred Mann's Earthband, Nina Hagen – das Spektrum ist groß, die Atmosphäre intim, die Stimmung besonders und immer gut. Und das nicht zuletzt dank des Music-Hall-Teams, das sich für diesen Kulturbetrieb (ein nicht-kommerzieller eingetragener Verein) engagiert.
Music Hall Worpswede **⚙**: Findorffstr. 21, T 04792 95 01 39, http://music hall-worpswede.eu.

EINTRITTSKARTEN *in eine andere Welt ...*

Über die in den Direkt-Kapiteln genannten Häuser hinaus gibt es weitere spannende Museen. Hier meine Favoriten:

UND JETZT ENTSCHEIDEN SIE!

Focke-Museum
Di 10–21, Mi–Sa 10–17,
So 10–18 Uhr, Nebenhäuser
abweichend
6/4 €, Di ab 18 Uhr Eintritt
frei

JA   NEIN

Bremische Geschichte in Relikten
von Rolandkopf bis Borgward-Autos,
Bildern, Modellen und multimedial in
historischen Gebäuden, die teils aus
dem Umland auf das Areal von Gut
Riensberg verbracht wurden.
K 3, www.focke-museum.de

Krankenhaus-Museum
Mi–So 11–18 Uhr
4/2 €

JA   NEIN

Das Museum in historischen Hof-
gebäuden zeigt 100 Jahre Bremer
Psychiatriegeschichte: Behandlungs-
formen, Biografisches zu Patienten
oder Personal, ›Euthanasie‹ zzt. der
NS-Herrschaft.
außerhalb M6, www.kulturambulanz.de

Overbeck-Museum
Di–Fr 11–18,
Sa/So 11–17 Uhr
5/4 €

JA   NEIN

Werke des Malers Fritz Overbeck
(1869–1909), Mitbegründer der
Künstlerkolonie Worpswede, und
seiner Frau Hermine Overbeck-Rohte
(1869–1937). Darüber hinaus finden
Sonderausstellungen statt.
Karte 4, www.overbeck-museum.de

Schloss Schönebeck
Di/Mi, Sa 15–17,
So 10.30–17 Uhr
5 €, bis 18 Jahre Eintritt frei

JA   NEIN

Das Heimatmuseum im barocken
Fachwerkbau von 1682–86 widmet
sich Schifffahrt, Fischerei, Walfang
und dem 1831 geborenen Vegesacker
Afrikaforscher Gerhard Rohlfs.
Karte 4, www.museum-schloss-schoe
nebeck.de

Museum
Di–Sa 11–14 Uhr,
bei Heimspielen 3 Std. vor
Beginn bis 1 Std. vor Beginn
4/2 €

◯ JA ◯ NEIN

Bremen ist grün-weiß. Gut 120
Jahre Vereinsgeschichte von Werder
Bremen in Bildern, multimedial, mit
Pokalen, Trikots … Auch Stadion-
führungen (Termine s. Website),
Fanshop.
🕮 H 7, www.werder.de/fankurve

**›Denkort‹
U-Boot-Bunker
Valentin**
April–Sept. Di–Fr, So 10–17,
sonst bis 16 Uhr, Fei geschl.
Eintritt frei

◯ JA ◯ NEIN

Unter Einsatz von Tausenden von
Zwangsarbeitern – mehr als 1100
starben – errichtete die NS-Re-
gierung diese Bunkerwerft: 426 m
lang, bis zu 97 m breit. Museum,
Infocenter, Gedenkstätte.
🕮 Karte 5, www.denkort-bunker-valentin.de

Überseemuseum
Di–Fr 9–17, Sa/So 10–17 Uhr,
(Bremer Ferien Di–So 10–17),

9/3 € €,
Fam. 18/9 €

◯ JA ◯ NEIN

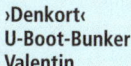

Exponate aus der Südsee (Ozeanien),
Afrika (Lebensraum Wüste), Amerika
und Asien (Seidenstraße, Bollywood,
Traditionen, Megacities) – stets mit
dem Blick auf heutige politische und
wirtschaftliche Zusammenhänge.
🕮 Karte 2, E/F 4/5, www.uebersee-museum.de

**Universum
Science Center**
Mo–Fr 9–18,
Sa/So, Fei 10–18 Uhr
16/11 €, Fam. 40 €

◯ JA ◯ NEIN

Silberner ›Walfisch‹ mit interaktiven
Exponaten zu Technik (vom Toaster
bis zur künstlichen Intelligenz),
Mensch und Natur. Wollten Sie
immer schon mal gefahrlos erfahren,
wie sich ein Erdbeben anfühlt?
🕮 H 1, www.universum-bremen.de

**Weserburg –
Museum für
moderne Kunst**
Di–So 11–18 Uhr
9/5 €, bis 18 Jahre Eintritt frei

◯ JA ◯ NEIN

Kunst – Malerei, Installation,
Video … – ab 1960 im ersten
Sammlermuseum Europas, unter-
gebracht in alten Speicherbauten
mitten in der Weser. Von Fluxus über
Penck bis Arman oder Richard Long.
🕮 E 5, www.weserburg.de

Luft- und Raumfahrtstadt Bremen

Bremen darf als die deutsche Stadt der Luft- und Raumfahrt gelten, ist einer der bedeutendsten europäischen Raumfahrtstandorte. Nicht nur nahm hier der deutsche Flugzeugbau seinen Anfang, nein, hier werden auch Pläne geschmiedet, zum Mond, zum Mars und hinaus ins All zu fliegen.

In Bremen nahm 1924 mit Focke-Wulf (eigentlich bereits 1923 unter dem Namen Bremer Flugzeugbau AG) der deutsche Flugzeugbau seinen Anfang, eine Tradition, die hier heute Airbus fortschreibt.

Ähnliches gilt für die Bremer Raumfahrtindustrie, die 1964 mit dem ERNO (Entwicklungsring Nord) ihren Anfang nahm. Aus ERNO ist Airbus Defense & Space geworden, heute u. a. für die Oberstufen der Ariane und das Columbus-Modul der ISS, der Internationalen Raumstation, verantwortlich. Auch für das ATV (Automated Transfer Vehicle, letzter Start 2015) ist der Standort zuständig – und an der Weiterentwicklung dieses Systems zu einem von der ISS zur Erde unzerstört zurückkehrenden Modell beteiligt.

Hinzu kommt mit OHB SE ein starkes mittelständisches Unternehmen, das im Satelliten- und Telematikbereich große Erfolge verbuchen kann. OHB zeichnet u. a. für die Galileo-Satelliten (europäisches Pendant zum US-amerikanischen GPS) verantwortlich.

Die Standorteffektivität stärken kleinere Raumfahrtfirmen – und ein exzellentes Wissenschaftscluster: u. a. das Institut für Raumfahrtsysteme des DLR (Deutsches Zentrum für Luft- und Raumfahrt), das ZARM (Zentrum für angewandte Raumfahrttechnologie und Mikrogravitation) mit dem Fallturm an der Universität Bremen, das DFKI (Deutsches Forschungszentrum für Künstliche Intelligenz) ebendort sowie Studiengänge für Luft- und Raumfahrt an Hochschule und Uni Bremen. Schon heißt es nicht mehr nur ›Von Bremen hinaus in die Welt‹, sondern ›Von Bremen hinauf zu Mond und Mars‹.

Flugfieber 1
Bremenhalle 🗺 Karte 5
Highlight der Galerie der Luft- und Raumfahrt in der als Eventlocation genutzten Bremenhalle ist die Junkers W33 Bremen – D1167. Es handelt sich um die Originalmaschine, mit der 1928 die erste Atlantiküberquerung von Europa (Baldonnel in Irland) nach Nordamerika gelang. Ihr Ziel, New York, erreichte die Maschine aber nicht. Sie musste auf der Leuchtturminsel Greenly Island (Labrador, Kanada) landen. Von der benachbarten **Besucherterrasse** (tgl. 6–22 Uhr, wetterbedingte Änderungen, u. a. erst ab +5 °C) bietet sich ein Blick aufs Rollfeld.

Terminal 1 neben der Besucherterrasse, Flughafenallee, Bremen Airport Hans Koschnick, www.bremen-airport.com, Tram 6 Airport, nur werktags n. V. unter T 0421 39 09 98 95

Flugfieber 2
Flughafenführung 🗺 Karte 5
Hautnah dran an den Flughafenbetrieb kommen Sie bei einer Flughafenführung mit einer Rundfahrt über das Gelände, Einblick in Starts, Landungen, Tankvorgänge, Push-back etc. Meist wird auch die Bremenhalle (s. o.) besucht.

Treffpunkt: Infopoint, Abflughalle, Flughafenallee, Bremen Airport Hans Koschnick, www.bremen-airport.com, Tram 6 Airport, 1. So/Monat 10 Uhr, 16 €, 8–16 Jahre 12 €, 5–7 Jahre 10 €, Anmeldung spätestens 3 Werktage vor Führung: T 0421 55 95-464, besuchergruppe@airport-bremen.de; weitere Führungen s. Website

Flugfieber 3
Flugsimulator Airbus A320
🗺 Karte 5
Die perfekte Illusion, als Pilot unterwegs zu sein, bieten Flugsimulatoren. In Bre-

men steht das Originalcockpit eines Airbus A320 (vormals in Diensten der Air France) für dieses Erlebnis bereit. Nach einer Instruktion (20 Min.) durch einen ausgebildeten Piloten übernehmen Sie das Cockpit – als Zweierteam je 30 Min. als Pilot und 30 Min. als Copilot, allein 60 Min. als Pilot. Das Reiseziel kann aus einer Datenbank mit Tausenden Flugplätzen ausgewählt werden. Vielleicht wollten Sie immer schon mal nach Hawaii, New York oder Beijing (Peking)? Auf die – hoffentlich sichere – Landung folgt eine Nachbesprechung.

1. Etage, Terminal 1, Bremen Airport Hans Koschnick, Tram 6 Airport, www.flugsimulator. com, verschiedene Optionen (nur mit Vorabbuchung via Website) 99–338 €, Mindestalter 10 bzw. 16 Jahre, weitere Angebote s. Website

Schwerelos auf der Erde
Fallturm Bremen 🗺 J 1

146 m ragt Bremens viertes Wahrzeichen mit seiner Glasspitze in den Himmel: der Fallturm Bremen, der 1990 in Betrieb ging. Ein markantes Symbol für den Wandel der Bremer Universität von der ›roten Kaderschmiede‹ zur anerkannten Lehr- und Forschungsanstalt. Der Fallturm gehört zum ZARM, dem Zentrum für angewandte Raumfahrttechnologie und Mikrogravitation, das Prof. Dr. Hans J. Rath 1985 gründete und bis zu seinem Tod 2012 leitete. Beim Fallturm handelt es sich um ein erdgebundenes Labor zur Forschung unter Weltraumbedingungen. Kapseln mit einem Gewicht von bis zu 500 kg, bepackt mit Experimentaufbauten, Videokameras, Computern etc. werden in 119 m Höhe im Turm abgeworfen und ermöglichen eine Experimentierzeit unter Schwerelosigkeit von 4,74 Sek. Seit 2004 kann per Katapult die Versuchszeit verdoppelt werden. Beim Katapult handelt es sich um eine durch Luftdruckunterschied und hydraulische Kontrolle betriebene Abschussvorrichtung für die Versuchskapsel. 2022 ging ein zusätzlicher Fallturm, der GraviTower Bremen Pro, in Betrieb (im Gebäude). Bei einer Führung (je nach Betrieb: Integrationshalle, Abbremsraum/Fallrohr, Kontrollzentrum, Mond-/Marsstation) erfahren Sie, in welchen Forschungsfeldern das Institut

Manch einer sagt, der Fallturm zeige den Bremern, wo's lang geht – nach oben (auch wenn drinnen alles runter›fällt‹).

Heirat geplant? Eine Feier im kleinen Kreis? Eine Besprechung? Zwar ist der Besuch der Turmspitze des Fallturms Bremen im Rahmen einer normalen Führung betriebsbedingt nicht möglich – aber Sie ist buch-/mietbar (Mo–Fr ab 19 Uhr, Sa/So ganztags). Sa/So sind sogar Trauungen möglich. Für die Nutzung bestehen Beschränkungen: maximal 14 Personen, striktes! Rauchverbot, Verbot von jedwedem offenen Licht, nur beschränkter Alkoholkonsum. Dennoch ist eine Veranstaltung hier oben ein besonderes Erlebnis.
ZARM: Ansprechpartnerin Lara Paul, T 0421 218 578 23 (Mo, Mi–Fr 9–17 Uhr), www.zarm.uni-bremen. de, Miete 400 € (2 Std.), jede weitere Std. 100 €, darin enthalten sind die Kosten für das Sicherheitspersonal, nicht jedoch evtl. gewünschtes Konferenzequipment oder Catering.

und insbesondere der Fallturm tätig sind, welche Fragestellungen hier unter Quasi-Schwerelosigkeit untersucht werden.
ZARM, Am Fallturm, T 0421 218 579 00, www. zarm.uni-bremen de, Tram 6 Universität-Nord, Gruppenführung für Einzelbesucher: Termine s. Website, 14 € /Pers., Gruppenführung nach Absprache (werktags): bis 15 Pers. 200 €, 16–25 Pers. 14 €/Pers., Schulklassen (nur Klasse 11–13) kostenlos. Empfohlenes Mindestalter 12 Jahre. Eine Fahrt in die Turmspitze ist aus betriebstechnischen Gründen im Rahmen einer Führung nicht möglich

Columbus-Modul und mehr
Raumfahrtführung 🕮 Karte 5
Die BTZ bringt die Besucher zu Airbus Defense & Space in der Nähe des Flughafens Bremen. Zentraler Punkt der Führung ist das begehbare 1:1-Modell des Columbus-Moduls, dessen Original 2008 an der Internationalen Raumstation andockte und dort als Weltraumlabor und Aufenthaltsort den Astronauten zur Ver-

fügung steht. Wie schläft's sich eigentlich in der Schwerelosigkeit? Wie funktioniert Alltägliches wie Waschen, Essen oder Trinken? – auch scheinbar banale Fragen werden hier beantwortet.
Infos/Buchung: Bremer Touristik-Zentrale, ▶ S. 110, www.bremen-tourismus.de, Treffpunkt: Domsheide (Tram 2, 3, 4, 6, 8), Bussteig H (vor Eingang Konzerthaus Glocke), Sa 14, 16 Uhr, bei Redaktionsschluss noch nicht wieder aufgenommen, Dauer 2 Std. Achtung: Personalausweis/Reisepass zwingend! erforderlich, Teilnehmer aus Nicht-EU-Ländern benötigen u. U. eine Sondergenehmigung

Auf zu den Sternen 1
Olbers-Planetarium 🕮 E/F 6
Die Hochschule Bremen betreibt das Olbers-Planetarium, das meist besuchte 6-m-Planetarium Deutschlands. Hier finden regelmäßig öffentliche Vorträge und Sternbeobachtungen statt. Es gibt auch besondere Veranstaltungen für Kinder. Das aktuelle Programm finden Sie auf der Website.
Werderstr. 73, http://planetarium.hs-bremen.de, Tram 4, 6, 8 Wilhelm-Kaisen-Brücke, 4–7 €

Auf zu den Sternen 2
Telescopium 🕮 Karte 5
An der Grenze zwischen Bremen und Lilienthal wurde direkt an der Wümme (auf Lilienthaler Grund) 2015 das Telescopium Lilienthal, der Nachbau eines Fernrohrs aus dem 18. Jh., eingeweiht. In Lilienthal wirkte ab 1782 der Amtmann und Astronom Johann Hieronymus Schroeter. Schon 1785 baute er eine erste kleine Sternwarte und 1793 mit dem 27-füßigen Spiegelteleskop die damals größte auf dem europäischen Kontinent. Er gilt als Begründer der Wissenschaft zur Erforschung der Mondoberfläche. Die Besucher werden in die Astronomie-Geschichte Lilienthals, in Bau und Funktion des Fernrohrs eingeführt. Anschließend erfolgt in Kleingruppen der Besuch der Beobachtungsgalerie des Observatoriums – ggf. mit Beobachtung von Himmelskörpern.
Borgfelder Allee gegenüber der Einmündung Warfer Landstr., www.telescopium-lilienthal. de, Tram 4 Truperdeich, Termine und Buchung s. Website, 12 €, 6–14 Jahre 6 €

Auf den Spuren von Kaffee und Bier

Bremer Kaufleute handeln seit Langem mit Genussmitteln, Ludwig Roselius erfand in Bremen den koffeinfreien Kaffee. Kleine Röstereien halten neben der Großindustrie diese Tradition in der Stadt am Leben. Und auch die Braukunst hat ihren festen Platz in der Stadt.

Denken Sie an Norddeutschland, denken Sie vielleicht zuerst an Tee, der auch in Bremen Tradition hat – doch nicht zuletzt sind hier Kaffee und Bier zu Hause. Viele kennen Kaffee HAG, ab 1907 im Holzhafen als erster koffeinfreier Kaffee hergestellt, und die ebenfalls 1907 gegründete Kaffeerösterei Jacobs. Beide sind längst im Mondelez-Konzern aufgegangen, nur noch wenige, kleine Betriebe pflegen die handwerkliche Produktion. Und auch Bier hat in der Hansestadt Tradition. Da gab es z. B. die St.-Pauli-Brauerei in der Bleicherstraße, in der ab 1864 Heinrich Beck als Braumeister arbeitete – der Gründer von Beck & Co. 1748 waren in Bremen noch 35 Brauereien aktiv – heute sind es, neben der Großbrauerei, nur eine gute Handvoll handwerkliche Betriebe. Vier davon brauen seit Herbst 2018 auch ein Bremer Altbier: Bremer Brauer Norddeutsches Altbier.

Handwerklich gebraut
Freie Brau Union Bremen 🏛 D 2
Im historischen Backsteinensemble der alten Union-Brauerei werden heute Craft-Biere produziert. Mit Braugasthaus.
Theodorstr. 12/13, Walle, T 0421 89 82 16-0, www.brauerei-bremen.de, Tram 2, 10 Gustavstraße, Führung mit Verkostung (70 Min.), Mi 18.30, Do/Fr 16.30, 18.30, Sa 11, 15.30, 18.30 Uhr, 12,90 €, Buchung über die BTZ, www.bremen-tourismus.de; Braugasthof Di–Fr ab 17, Sa ab 12 Uhr

Großbrauerei
Beck & Co. (AB InBev)
🏛 Karte 2, D 5
Die traditionsreiche Brauerei Beck & Co. versteht sich (noch) als Botschafter Bremens in der Welt.
Am Deich 18/19, T 0421 50 94 55 55, www.becks.de/besucherzentrum, Tram 1, 2, 3 Am Brill, Führung mit Verkostung (3 Std., mind. 20 Pers.) Mo–Mi 13, 15, 17, Do–Sa 11, 13, 15, 17 Uhr, 16 €, Anmeldung erforderlich, Mindestalter 16 Jahre, festes Schuhwerk

Nachhaltig
Cross Coffee 🏛 außerhalb A 1
Hier wird mit nur wenigen Kaffeesorten gearbeitet, bezogen von kleinbäuerlichen Vereinigungen – mit Blick auf soziale und ökologische Nachhaltigkeit. Geröstet wird im Trommelröster. Die zugehörige Kaffeeschule Bremen bietet Kaffeeseminare an.
Use Akschen 91, T 0421 794 95 90, www.cross coffee.de, Tram 3 Use Akschen, Werksverkauf Fr 16–18, 1. Sa/Monat 11–14.30 Uhr, Seminar Kaffee-Entdecker: 2,5 Std., 45 €/Pers. (4–8 Teilnehmer), Termine s. www.kaffeeschu le-bremen.de

Familientradition
Kaffeerösterei Münchhausen
🏛 Karte 2, D/E 5
In der ältesten, noch heute im Familienbesitz befindlichen Rösterei Bremens erfahren Sie nicht nur manches über Kaffeeanbau, -aufbereitung und -veredelung, sondern auch über die Geschichte Bremens als Kaffeestadt.
Geeren 24, T 0421 121 00, www.muench hausen-kaffee.de, Tram 1, 2, 3 Am Brill, Tram 2, 3 Radio Bremen, Mo–Fr 10–12.30 Uhr, Führung 16 € (Termine s. Website bzw. n. V.)

Minirösterei
Kaffee & Tee Hemken 🏛 Karte 3, F 6
▶ S. 60

Alter Kaffee-HAG-Standort
Lloyd Caffee 🏛 B 2
▶ S. 52

Pause. Einfach mal abschalten

Bremen ist eine grüne Stadt. Neben Bürgerpark und Stadtwald (▶ S. 62) gibt es viele kleine und große Parks, die zu Spaziergang und Relaxen einladen. Doch auch auf Strandgefühle muss im Sommer selbst mitten in der Stadt niemand nicht verzichten, fließt da doch die Weser …

Heckentheater
Heinekens Park ⌕ außerhalb M 2/3
Senator Johann Heinekens ließ den Park 1832–37 u. a. von Wilhelm Benque anlegen. Ins Auge fällt das Heckentheater aus Hainbuchen. Der Park ist nur teilweise der Öffentlichkeit zugänglich, der Bereich mit dem Herrenhaus von 1790/1871 privat. Das Hofmeierhaus birgt die Galerie Mönch.
Oberneulander Landstr., Oberneuland, Tram 4 Horn, dann Bus 33, 34 Kapitän-König-Weg

Lindenrondell
Höpkens Ruh ⌕ außerhalb M 3
1877 vermachte der Bremer Kaufmann Johann Höpken den 1799–1825 angelegten, 7 ha großen Park der Stadt. Gewundene Wege, Hügel, Teiche und Bäche, ein Lindenrondell und eine Eichenallee machen ihn zu einem Kleinod.
Oberneulander Landstr. 69, Oberneuland, Tram 4 Horn, dann Bus 33, 34 Höpkens Ruh

OCHSEN

Früher war es in Bremen Brauch, anlässlich des Freimarkts bunt geschmückte Ochsen durch die Stadt zu treiben und zugunsten des Hospitals des Franziskanerklosters zu schlachten. Kloster und Krankenhaus gibt es nicht mehr, nur die Kirche St. Johann im Schnoor erinnert noch daran – und Carl Steinhäusers Marmorvase in den Wallanlagen: **»Klosterochsen-Umzug«.**

Sommer in Lesmona
Knoops Park ⌕ Karte 4
Bremer Kaufleute zog es ans Lesumufer, wo auf dem Geesthang ab dem 19. Jh. Villen entstanden. Schon der **Bahnhof St. Magnus** ist mit Ludwig Knoop (1821–94) verbunden, der durch Tuch- und Teppichfabriken reich wurde. Knoop schuf sich eine Infrastruktur mit Bahnhof, Schloss (abgerissen), Park, Villen für die Töchter, Wasserturm und Bootsanleger. Vom Bahnhof aus geht es auf dem Raschenkampsweg schon durch den 65 ha großen Park. Ecke Auf dem Hohen Ufer steht **Haus Kränholm** (www.kraenholm.de, Kunstcafé, T 0421 69 21 28 17, Fr–So 11–18, Restaurant, T 0421 69 21 28 10, Do–Sa ab 18, So 12–15 Uhr, €€–€€€) von 1897. Erbaut für Knoops Schwiegersohn Wilhelm Kulenkampff, wurde es 1971, um ein Geschoss verkürzt, hierher verlegt und saniert. Oberhalb der Lesum stehen **Haus Schotteck** und die **Villa Lesmona** mit kleinem **Skulpturenpark**. Der Name Lesmona wurde durch die verfilmte Briefsammlung Magdalene Paulis (geb. Melchers; Pseud. Marga Berck, »Sommer in Lesmona«) bekannt. Ihrer Familie gehörte die Villa bis 1882. Immer wieder tun sich Blicke auf die Lesum und das Stahlwerk am anderen Ufer auf – Natur- trifft Industrieromantik.
St. Magnus, RB Bhf St. Magnus

Erinnerung an große Bremer
Riensberger Friedhof ⌕ J 3
Den parkähnlichen Friedhof mit See und Wasserlauf gestaltete Wilhelm Benque Ende des 19. Jh. Hier ruhen u. a. der Flugzeugbauer Heinrich Focke, Bürgermeister Wilhelm Kaisen, der

Kaffeekaufmann Ludwig Roselius und Bundespräsident Karl Carstens. Besonders sehenswerte Grabmale säumen das nördliche bzw. nordöstliche Seeufer.

Eingänge: Friedhofstr., Riensberger Str., H.-H. Meier-Allee, Tram 6 H.-H.-Meier-Allee, Tram 4 Friedhofstraße, tgl. ab 8 Uhr

Azaleen, Rhododendren und mehr

Rhododendronpark und botanika 🏛 L/M 3

Der **Park** geht zurück auf einen Wildpark mit Wasserläufen und Baumbestand, Ende des 18. Jh. vom Kaufmann Willy Rickmers angelegt. Ab 1936 wurden Rhododendren und Azaleen gepflanzt. Der Park mit gewaltigen Rhododendren, Stein- und Heidegarten, Botanischem sowie Rosengarten lohnt immer einen Besuch, besonders zur **Rhododendronblüte** (ca. April–Juli, Hochblüte Mitte/Ende Mai–Juni). Die **botanika** führt in die Vielfalt der Flora ein: Himalaya-Landschaft, Berg-Regenwald Borneos und japanischer Steingarten. Schmetterlinge flattern im Tropenhaus, nebenan tummeln sich Weißhand-Gibbons. Mit Bloom Café & Restaurant (www.restaurantbloom.de, Mo–Fr 11–18, Sa/So, Fei 10–18 Uhr).

Markusallee 60 (Haupteingang)/Deliusweg 40, www.botanika-bremen.de, Tram 4 Bürgermeister-Spitta-Allee oder Horn, dann Bus 31 Rhododendron-Park, Park immer, Botanischer Garten tgl. 7 Uhr bis Sonnenuntergang, Eintritt frei; botanika Mo–Fr 9–18, Sa/So, Fei 10–18 Uhr, 11 €, 4–17 Jahre 6 €, Familie 28/20 €

Kunst, Wasser und Grün

Wallanlagen 🏛 Karte 2, D 4–F 6

Rund um die der Weser abgewandte Seite der Altstadt zieht sich der Park auf dem Areal der Gräben und Wallmauern, die die Stadt einst schützten. Er entstand 1803, wobei der Stadtgraben erhalten blieb. Attraktiv und zentrumsnah ist der Bereich vom östlichen Ende bei der **Altmannshöhe** mit Ehrenmal bis zur (Kaffee) **Mühle am Wall** am Herdentor (von 1833, heute Restaurant-Café, www.muehle-bremen.de), wo auch diverse **Skulpturen** aufgestellt wurden, darunter ein Denkmal für den Arzt und Astronomen Wilhelm Olbers (1758–1840), das Mahnmal »Erinnern für die Zukunft – Lidice« (Jürgen Waller, 1989), »Die Liegende« von Gerhard Marcks und Carl Steinhäusers Marmorvase mit dem »Klosterochsen-Umzug«.

Tram 2, 3 Theater am Goetheplatz, 4, 6, 8 Herdentor

Surfen gefällig?

Stadtwaldsee (Unisee) 🏛 G 1

Der Unisee ist nicht nur bei Studenten sehr beliebt. Es gibt einen Einstieg für Surfer (Kurse bei Charchulla: www. surfshop-charchulla.de, Schnupperkurs 50 €), eine DLRG-Station und am Rand des angrenzenden Campingplatzes ein Restaurant.

Bus 22 Munte, Bus 28 (Anschluss Tram 6 Universität-Süd) Campingplatz

Nach dem Trubel der Pariser Weltausstellung (1927) hat der Wisent im Rhododendronpark Ruhe gefunden.

Zwischen Tradition und Individualität

Sie müssen nur wissen, wo und wie Sie Ihr Haupt zur Ruhe betten möchten. Nah am Getriebe des Viertels oder der Schlachte, etwas ruhiger mit dem Charme hansestädtischer Gediegenheit, originell-individuell – oder vielleicht doch die Gelegenheit nutzen und sich von Wellen in den Schlaf wiegen lassen?

In Bremen ist inzwischen das Gros der internationalen Ketten vertreten. Die Hoteliers haben das Potenzial der Stadt erkannt und in verschiedenen Segmenten ihre Häuser eröffnet. Daneben haben sich in den vergangenen Jahren modern designte Newcomer etabliert, nach dem Motto ›Budget, aber hip‹, die nicht nur durch Lage, Gestaltung und Preis überzeugen. Spannend aber sind vor allem individuelle Apartments, kleine Refugien, teils betrieben von in der Kunst- und Kulturszene engagierten Frauen, oder eine Übernachtung mit Wellengang.

Das Schöne: Viele Unterkünfte finden sich im Innenstadtbereich, sodass Sie viele Sights zu Fuß (oder per Rad) erreichen können. Und etwas vom Zentrum entfernt liegende Unterkünfte sind zumeist dank Straßenbahn nur Minuten von diesem entfernt.

Weniger schön, aber inzwischen üblich: die Tourismusabgabe bei nicht beruflich bedingten Übernachtungen in Höhe von 5 % des Übernachtungspreises.

ZUM SELBST ENTDECKEN

Eine **Übersicht** über alle Unterkunftsmöglichkeiten bietet die Website www.bremen-tourismus.de/bremen-hotels. Hier finden sich Hostels, Hotels, Pensionen, Apartments etc. Viele Hotelketten sind ebenfalls in Bremen vertreten, u. a. Steigenberger, Dorint, Radisson, Marriott, Ibis – und ganz neu seit Sommer 2022 Meininger.

Von Bremern für Bremer: Die Atlantic-gruppe (www.atlantic-hotels.de) bietet modern-stylische (angenehm z. B.: das Atlantic Hotel Universum oder das edle Atlantic Grand), die Kelber-Gruppe (www.hotelgruppe-kelber.de) gediegene Hotels in Bremer Häusern und Villen.

PREISE

So viel kostet in etwa ein Doppelzimmer mit Frühstück:

€	bis 100 Euro
€€	100 bis 140 Euro
€€€	über 140 €

Ein bisschen Kunst, persönliches Ambiente …

Lässig und bunt
Arte P 73 – Gästehaus 1 🏠 D 6
Petra Wittenberg vermietet in der Neustadt Zimmer und Ferienwohnungen.
Die Gästezimmer im selben Haus wie
das Café Frida (bei Redaktionsschluss
nur Do–So 12–18 Uhr) liegen an der
– verkehrsberuhigten – Hauptschlagader des Flüsseviertels. Manko: Für die
sich auf die erste und zweite Etage
verteilenden vier Zimmer gibt es nur
zwei Duschbäder und zwei Klos (im 2.
Stock). Allerdings kann gegen Aufpreis
ein Bad zur Alleinbenutzung gebucht
werden. Alternative: die im Umkreis von
500 m gelegenen Wohnungen. Im Gästehaus selbst gehört eine Wohnküche
dazu – mit Balkon. Die Zimmer können
einzeln oder auch als Gruppe/Familie
zur Alleinbenutzung gebucht werden.
Eine bunte, freundliche Adresse mit
einem Hauch Kunst im neuen ›Viertel‹.
Vorabbuchung! Kaffee und Tee sind
ebenso wie WLAN kostenfrei.
Pappelstr. 73, Neustadt, T 01520 179 92 64,
www.artep73.de, Tram 1, 8 Pappelstraße, DZ
ohne Frühstück € (mind. 2 Übernachtungen),
auch Ferienwohnungen

Urlaub mitten in der Stadt
Gästeträume 🏠 Karte 3, G 6
Im Sommer 2000 hat alles begonnen.
Tara Kaiser richtete das erste ihrer
Gästeapartments ein. Es hieß (und heißt)
Toskana. Alle Apartments tragen den
Namen eines ihrer Traumreiseziele – oft
war sie selbst schon da. Individuell eingerichtet, manches antik, vieles handmade
nach dem Motto aus alt mach neu, mit
künstlerischen Details. Die Apartments
sind von unterschiedlicher Größe (1–4
Zimmer, teils mit Balkon(en) und liegen
am Sielwall, am Osterdeich und in der
Hamburger Straße – also mitten im Viertel
und nahe an Kulturmeile und Weser(stadion). Vorabbuchung!
Sielwall 80, Viertel, T 0421 331 34 55, 0179 320
47 77, www.gaesteträume.de, Apartments für
1–7 Pers., Apartment für 2 Pers. €–€€, Kaffee,
Tee vorhanden

Design zum moderaten Preis
prizeotel Bremen-City: 🏠 E/F 4
Hell, fast hypermodern, mit mutigen
Farbklecksen – das 127-Zimmer-Haus
bezeichnet sich selbst als Budget-
Designhotel. Die Zimmer haben
180x200er-Betten, teils nur einen
Kofferbock, keinen Kleiderschrank, dafür
Flatscreen-TV, iPhone/iPod-Anschlüsse,
WLAN, Regenwalddusche etc. Nett ist:
Wer nicht frühstücken möchte, bekommt
trotzdem einen Kaffee oder Tee seiner
Wahl – kostenlos.
Theodor-Heuss-Allee 12, Bürgerweide, T 0421
222 21 00, www.prizeotel.com, Haltestelle Hbf,
Bus 25 Theodor-Heuss-Allee, €–€€

Modern, uninah und basic
7things 🏠 J 2
Die erfahrenen Bremer Hoteliers der
Familie Pauls haben den Bedarf und Geist
der Zeit erkannt. Schick, funktional –
nicht nur nah an Stadtwald/Bürgerpark
und Universum Science Center, sondern
damit auch direkt im Technologiepark
Uni Bremen liegt dieses Hotel mit 89
hellen Zimmern. Snacks und Drinks in
der Hotellounge (18–21.30/22 Uhr).
Kostenloses WLAN.
Universitätsallee 4, T 0421 69 67 73 77,
www.7things-hotel.de, Tram 6 Universität-Süd,
Bus 22, 28 Wiener Straße, €€

Zu Gast in einem Bürgerhaus
Buthmann im Zentrum 🏠 Karte 2, F 5
Die kleine Hotelpension hat dieselben
Betreiber wie das benachbarte GastHaus
Hotel. Die Zimmer in dem Haus von 1900
sind zwar schlicht, aber auf modernem
Stand – natürlich gibt es WLAN. Klar
und freundlich eingerichtet, Frühstück im
GastHaus Hotel nebenan.
Löningstr. 29, Mitte, T 0421 339 88 16, www.
hotel-buthmann.de, 5 Min. zu Fuß ab Haupt-
bahnhof oder Tram 1, 4, 10 Rembertistraße, €,
GastHaus Hotel: Löningstr. 30, T wie Buthmann,
www.gasthaus-hotel-bremen.de, €

In fremden Betten

Verschachtelt
Arthotel ANA Liberty Bremen
🏠 Karte 2, F 5
Das frühere Lichtsinn hat neue Betreiber. Zimmer (33 Zimmer/Suiten) und Lobby wurden renoviert und modernisiert. Ein Raum bewahrt die alten Bilder, die die Räume früher schmückten. Manche Zimmer verfügen über einen Balkon. Kostenloses WLAN ist für die Gäste selbstverständlich und von 7–21 Uhr gibt es auch kostenlos Kaffee, Tee oder Kakao. Fahrradverleih. Viele Stammgäste sind dem Haus treu geblieben.
Rembertistr. 11, Mitte, T 0421 36 80 70, https://ana-hotels.com/liberty-bremen-city, Tram 1, 4, 10 Rembertistraße, €€

In Bremens guter Stube
Boutique Hotel Classico
🏠 Karte 2, E 6
Das Boutiquehotel besticht mit 35 dezent gestalteten Zimmern – mit Themen- oder Farbakzent. Vielleicht möchten Sie in der Stadt der Luft- und Raumfahrt unter der Milchstraße nächtigen oder doch lieber von Kinoklassikern träumen (Cinema)? Frühstücken können Sie im Kaffeehaus Classico à la carte. Es gibt Kaffee aus der hauseigenen Rösterei und auch Eis wird selbst gemacht. All das vis-à-vis Bürgerschaft und Rathaus.
Hinter dem Schütting 1a (Eingang: Am Markt 17, Kaffeehaus Classico), Mitte, T 0421 24 40 08 67, www.hotel-classico-bremen.de, Tram 2, 3, 4, 6, 8 Domsheide, 2, 3, Obernstraße, DZ ohne Frühstück €–€€

Villa im Grünen
Landhaus Höpkens Ruh
🏠 außerhalb M 3
Sie möchten im Grünen wohnen, in einem alten Landhaus, das ein Bremer Kaufmann mitsamt Park (s. S. 84) der Stadt vermachte? Mitten in dieser verwunschenen Idylle mit 200 Jahre alten Eichen bietet die als Eventlocation mit Gästehaus (ohne Frühstücksangebot!) geführte Unterkunft neun Zimmer. Haben Sie ein Balkonzimmer, sitzen Sie fast in den Baumkronen zwischen zwitschernden Vögeln. Die Zimmer wurden renoviert, Kaffee und Tee können in den Zimmern bereitet werden. Ca. 10 Min. zu Fuß sind es zum Crossini (Rockwinkeler Heerstr. 14, T 0421 69 64 70 70), wo Sie frühstücken können. Self-check-in-Hotel.
Oberneulander Landstr. 69, Oberneuland, T 0421 64 85 52 08, www.hoepkens-ruh.de, Tram 4 bis Horn (Horner Kirche), dann Bus 33 bis Höpkens Ruh, dann 300 m zu Fuß (Fahrtzeit ca. 35 Min.), DZ ohne Frühstück €

....

DAS BESONDERE

....

Drinnen campen
Hafentraum – Indoor Hostel Camp 🏠 C 3
Oldtimer-Wohnwagen, Tiny House, Schäferwagen oder doch ein Bett im Mehrbettzimmer? Wenn Sie kein eigenes Bad benötigen und ab 22 Uhr keinen Krach mehr machen, dann ist der Hafentraum in der Überseestadt eine Alternative. Ungewöhnlich, jung, Kunsthochschule dicht dabei, Schwarzlichthof (Minigolf in der Alten Stauerei) und Hafenrummel (im Keller des BLG-Forums/Energieleitzentrale) nebenan …
Cuxhavener Str. 7, T 0421 303 89 58, www.hafentraum.de, Tram 3 Waller Ring, Bus 20 Speicher XI, €

Traumhafte Kaufmannsvilla
Villa Linnenschmidt 🏠 H 4
In der eleganten Backsteinvilla erwarten Sie sechs großzügige Zimmer und zwei Suiten mit edlen Materialien in gebrochenem Weiß und Braun. Frisch-stilvoller Frühstücksraum mit Terrasse. Das Haus zeugt von Geschmack und verspricht einen entspannten Aufenthalt. Gegenüber liegt das nette **Ristorante Papageno** (T 0421 34 67 09 49, www.papagenoristorante.de, Mo–Fr 12–15, 18–23, Sa, Fei 18–23 Uhr, €–€€).
Schwachhauser Heerstr. 157, Schwachhausen, T 0421 56 34 83 87 (Rezeption 7–20 Uhr), www.villa-linnenschmidt.de, Tram 1, 4 Metzer Straße, €€–€€€

Allein zu zweit im Schnoor
Hochzeitshaus 🏠 Karte 2, E 6
Immer für einen romantischen Aufenthalt gut, nicht nur für Hochzeitspaare.

SCHLAFEN AN BORD – VON EINFACH BIS STILVOLL

In Bremen an der Ausgehmeile Schlachte oder in Bremerhaven können Sie an Bord nächtigen.

Die Weser ⌂ Karte 2, D 5
Gruppen können auf dem Jugendherbergsschiff Die Weser preisgünstig übernachten. Frühstück in der JH.
Schlachte-Anleger 8, Buchung: JH Bremen (Kalkstr. 6, T 0421 16 38 20, www.jugendherberge.de/jh/bremen), Tram 1, 2, 3 Am Brill, Tram 2, 3 Radio Bremen, Schiff 1 Nacht/27+ 695/720 €, 2–3 Nächte 580/680 €/Nacht, ab 4 Nächten 550/650 €/Nacht, Frühstück (Pflicht) 5,50 €/Pers.

Alexander von Humboldt
⌂ Karte 2, E 6
Der aus der (Bier-)Werbung bekannte Großsegler (Abb.) ist heute Hotel- und Restaurantschiff. 9 Doppel-, 5 Vierbettkabinen, jeweils mit Etagenbetten, stehen an Bord zur Verfügung.
▶ S. 43, Martini-Anleger 1a, T 0421 38 03 96 99 http://alex-das-schiff.de, €

Perle ⌂ Karte 2, E 5
Das Hotelschiff der Hotelgruppe Kelber (▶ S. 86), ein umgebautes Fahrgastschiff von 1948, bietet zwei Kabinen (20 m², 35 m²) mit je einem Doppelbett, Terrasse und Bad. Kein Frühstück, aber es gibt eine Küche mit Sitzecke. Bei Ankunft am Schiff rufen Sie an (s. u.) und erhalten einen Code für den Schlüsselkasten.
Schlachte-Anleger 103a, T 0421 79 03 00, www.hotelschiff-perle-bremen.de, Tram 1, 2, 3 Am Brill, Kabine ohne Frühstück €€–€€€

Schulschiff Deutschland ⌂ Karte 5
Seit 2021 liegt das frühere Ausbildungsschiff in Bremerhaven. Der Großsegler ist zu besichtigen (▶ S. 72) und das Übernachten an Bord ist auch möglich: in Kammern mit je 2 (Etagen-) Kojen – Bettwäsche und Handtücher sind da, beziehen müssen Sie Ihre Koje selbst. Gemeinschaftsduschen und -toiletten. Luxuriöser ist die Kapitänssuite mit eigenem Duschbad. Frühstück nur ab zehn Schlafgästen.
Neuer Hafen, Höhe Lloydplatz, Bremerhaven, T 0471 30 05 55 97 (Mo, Mi 8–14, Di, Do/ Fr 9–15 Uhr, https://schulschiff-deutschland. de, Bremerhaven Hbf, dann Bus 502, 508, 505. 506, 508, 509 Lloydstraße, Doppelkabine €, Kapitänssuite €€€

Erbaut um 1800, greift das Häuschen (48 m²) die mittelalterliche Tradition der Hochzeitshäuser auf, in denen Paare, die zur Heirat in die Stadt kamen, nächtigen konnten. Hier im Schnoor ist das Haus die ganze Suite: Pantryküche im Erdgeschoss, gemütliche Sofaecke und Bad mit Whirlpool im ersten Stock, im Dachgeschoss das Schlafgemach mit Himmelbett.
Wüste Stätte 5, Schnoor, T 0176 57 84 95 91, www.hochzeitshaus-bremen.de, Tram 2, 3, 4, 6, 8 Domsheide, Haus ohne Frühstück €€€, ab 7 Tage günstiger

Lokale, Kneipen, Imbisse jedweder Couleur und Preisklasse finden sich im Viertel rund um Oster- torsteinweg, Sielwall und Vor dem Steintor. Hier geht niemand hungrig weg. Und an Bremens Ausgehmeile Schlachte reiht sich Lokal an Bar an Lokal. Im Bereich der touristischen Hotspots Markt, Böttcherstraße und Schnoor liegen ebenfalls viele – gern auch etwas gehobenere – Restaurants.

PREISE

So viel kostet in etwa ein Hauptgericht:
€   bis 15 Euro
€€   15 bis 25 Euro
€€€   über 25 Euro

Pinkel!? Hör und les ich richtig?

Im Winter, da schaudert's den Ortsfremden beim Blick auf Bremer Speisekarten, steht da doch (Braun-)Kohl und – Pinkel! Nicht das einzige defti- ge Traditionsgericht, das die hiesige Küche kennt. In Bremen kommt der **Braunkohl** (Grünkohl, Krauskohl), der erst nach Frosteinwirkung sein richtiges Aroma entfaltet, mit Pinkel (Grützwurst mit Rindertalg/Schweineschmalz, Speckstück- chen, Pfeffer, Salz, Nelken, Piment), Speck, Kass- ler(nacken) und Mettenden (grobe, geräucherte Kochwurst) auf den Tisch. Deftig, fettig – defini- tiv nichts für Vegetarier.

Doch sei's drum, die Bremer Gastroszene ist bunt – von Bratwurststand und Dönerbude über Multi- kulti- und Szene- bis zum Edellokal. Auch fehlt's nicht an Vegetarischem, Veganem – und Fisch.

Bremen hat ein breites Spektrum an Imbissen und Imbisslokalen: typisch deutsche mit Brat- wurst und mehr, die üblichen Verdächtigen der Burger-Kultur, asiatische und nicht zuletzt grie- chische, vorderasiatische bzw. türkische. Nur Sterneküche gibt es nicht (mehr).

Kaum scheint die Sonne, genießen die Bewoh- ner des ›kühlen Nordens‹ die angenehmen Tempe- raturen und sitzen im Freien: auf dem Marktplatz, an der Schlachte oder im Bürgerpark … Mittler- weile finden sich stadtweit Restaurants, Kneipen und Cafés mit Terrassen oder zumindest ein paar Tischen vor der Tür. Der Norden wird mediterran.

Kohl mit allem, was dazugehört

Vom Abstinenzlerhaus zum Szenetreff
Ahoi Steffen Henssler 🍽 G 6

Das Äußere überrascht: Direkt am Weserbogen, am Rand des Viertels und kurz vor dem Weserstadion, liegt ein dreigeschossiger, von Glas dominierter Bau von 1929 – lange das Café Ambiente und nun ein Ahoi. Und da das Ambiente als Frühstückslocation sehr beliebt war, wird hier nun auch unter der neuen Regie täglich ein Frühstücksbüfett angeboten. Dazu dann im Wintergarten oder auf der Terrasse den herrlichen Blick auf die Weser genießen … Vor allem aber wird gekocht: Von Fish'n'Chips über Burger und Bowls bis zu Steaks vom Rind, von Thunfisch oder Lachs – Henssler Style. Bis 1983 wurde hier übrigens kein Alkohol ausgeschenkt, war es doch ursprünglich ein Ottilie-Hoffmann-Haus. Die Bremer Kaufmannstochter und Pädagogin war nicht nur Frauenrechtlerin, sondern engagierte sich auch in der Abstinenzbewegung, die in Bremen alkoholfreie Speisehäuser eröffnen ließ, darunter das heutige Ahoi.

Osterdeich 69a, T 0421 64 85 53 10, www.ahoisteffenhenssler.de, So–Do 9–23, Fr/Sa 9–24 Uhr, €–€€

Für Langschläfer
Piano 🍽 Karte 3, G 6

Ein Hotspot im Viertel, nicht nur zum Frühstücken, ist das urige Piano, allerdings – anders als der Name suggerieren könnte – nichts für Aufwachmuffel. Hier ist immer was los, hier trifft sich die Viertelszene zum Quatschen, Chillen etc., gern auch vor dem Haus. Ein veganes Frühstück ist im Angebot. Baguettes, Pizza, Pasta, Rollos, Salat und mehr.

Fehrfeld 64, Viertel, T 0421 785 46, www.facebook.com/CafePianoBremen, Tram 2, 3, 10 Sielwall, Frühstück Mo–Fr 9–16, Sa/So, Fei 9–17 Uhr, warme Küche So–Do 9–22, Fr/Sa bis 23 Uhr, €

Frankreich meets Bremen und umzu
Café Heinrich 🍽 Karte 2, F 5

Am Ende der Contrescarpe, jener gebogenen Straße längs der Wallanlagen, frühstückt es sich entspannt auf Lederbänken. Hier gibt es leckere Croissants, Baguette, himmlischen Käse, frisch gepressten Saft und mehr. Und dazu natürlich Café au lait, Latte Macchiato, Espresso. In der Bistroküche finden bevorzugt regionale Produkte Verwendung.

Contrescarpe 45, Ecke Richtweg/Rembertistr., Ostertor/Fedelhören, T 0421 330 68 04, www.cafeheinrich-bremen.de, Tram 4, 6, 8 Herdentor, 1, 4, 10 Rembertistraße, tgl. 10–18 Uhr

Bio trifft Kunst
Canova 🍽 Karte 2, F 6

In (an der Rückseite) der Bremer Kunsthalle lässt sich mit Blick auf die Wallanlagen entspannt der Tag beginnen. Und das mit einem bestechenden Frühstück – tgl. bis 12 Uhr (€–€€). Der Schwerpunkt liegt auf regionalen und zumeist Bioprodukten – nicht nur zum Frühstück: Dehlwes-Milchprodukte, veganes Brot von Knuf, Gemüse von Krentzel aus Wilstedt, Fleisch z. B. vom Bentheimer Schwein, handgeangelter Fisch usw. – ein Frühstücksklassiker im Canova sind Eggs Benedict Canova Style. Das Restaurant ist auch sonst (z. B. nach dem Museumsbesuch) empfehlenswert, ob mittags oder abends. Dann gibt es tolle Fischgerichte, aber auch Leckeres mit Fleisch. Dienstagabends gilt nur eine kleine Karte.

Am Wall 207, T 0421 244 07 08, www.canova-bremen.de, Tram 2, 3 Theater am Goetheplatz, Mo, Mi 9–18, Di 9–21 Uhr, Do–Sa 9–22, So 9–20 Uhr, Mittagstisch Mo–Fr 12–17 Uhr, €–€€, à la carte Do/Fr 18–22, Sa 12–22, So 12–20 Uhr, €€€

Skandinavisch
Farsø 🍽 Karte 3, G 6

Ein Lichtblick im Viertel – im wahrsten Sinne des Wortes: licht und freundlich eingerichtet mit hellem Holzfußboden, Beige, Hellgrau und Minttöne an Wänden und Decke, ein bisschen frisches Waldfeeling an der Stirnwand, superfreundlicher, junger Service. Und was gibt es hier? Zzt. Frühstück und Brunch bis 16 Uhr, selbst gebackene Zimtknoten, leckeres Smørrebrød, eine Skyr Granola Bowl oder Eggs Benedict ... Dazu Kaffee von Cross Coffee, Viva con Agua, auch feine Drinks, gern mit bremischen Spirituosen (aber nicht nur) und Wein. Geplant ist, auch wieder abends zu öffnen, quasi als kleine Bar mit kleinen Speisen. Mit Terrasse.

Wielandstr. 1 (Ecke Friesenstr.), Viertel, https://farsobremen.de, TRam 2, 3, 10 Sielwall, Brunnenstraße, zzt. Mi–So 10–17.30 Uhr, €

Eis-Experimente, auch vegan
Eislabor 🔴 H 6

Klar gibt es hier auch klassisches Eis, vor allem aber wird mutig experimentiert – eventuell ist Himbeere mit Lakritz im Angebot oder gar Joghurt mit Schwarzbrot. Nur Mut! Immer auch vegane Sorten.

Am Schwarzen Meer 152, Hulsberg, T 0421 835 62 19, www.facebook.com/EislaborBremen, Tram 2, 10 St. Jürgenstraße, Am Hulsberg, Sommer 12–19, Winter Fr–So nachmittags (bitte ggf. auf Facebook checken)

Clean Eating
Nora's Deli 🔴 Karte 3, G 6

In diesem netten Deli mit backsteinerner Wand wird größter Wert auf Nachhaltigkeit, Natürlichkeit und Bioware gelegt: Zusatz-, Konservierungs- oder gar Schadstoffe haben hier nichts zu suchen. Dafür aber Vollwertprodukte, Kräuter, Gemüse. Ob zum Frühstück, zum Lunch oder für ein leckeres Abendessen mit – natürlich – Ökowein, hier lässt sich prima verweilen – und vegetarisch oder vegan genießen.

Sielwall 55/57, Viertel, T 0421 67 34 65 84, www.noras-deli.de, Tram 2, 3, 10 Sielwall, Di–Fr 12–22, Sa 10–22, So 10–15 Uhr, €–€€

Typisch Findorff
Lilie 🔴 E 3

Im kleinen Lokal mitten im lebendigen Findorff sind die Flammkuchen beliebt. Daneben gibt es Suppen, Salate und wechselnde Wochengerichte. Draußen stehen ein paar Tische und Stühle.

Drinnen gibt es immer wieder kleine Ausstellungen Bremer Künstler. Die Weine stammen aus kontrolliertem biologischen Anbau, darunter je ein veganer Weiß- und Rotwein. In der wärmeren Jahreszeit öffnet die Lilie mit dem **Port Piet** (🔴 F 3) ihren Biergarten direkt am Torfhafen.

Lilie: Hemmstr. 159, Ecke Lilienthaler Str., Findorff, T 0421 566 29 67, www.liliebremen.de, Bus 25 Lohmannstraße, Bus 25, 26, 27, 28 Hemmstraße, Mo–Mi, Sa ab 17 (open end)/Do/Fr ab 12 (open end), So 15–22 Uhr, €–€€; Port Piet: am Torfhafen, Findorff, T 0421 376 89 53, www.portpiet.de, Bus 26, 27 Findorffallee, ca. Mitte April–Herbst, bei gutem Wetter Mo–Do, So 12–23, Fr/Sa 12–23 Uhr

Vegetarisch, vegan, chinesisch
Vegefarm 🔴 H 6

So geht chinesische Küche auch! In minimalistischem Ambiente – viel Weiß, etwas helles Holz und hier und da ein hellgrüner Akzent – servieren die taiwanesischen Besitzer überzeugende Gerichte – ganz ohne Fleisch oder Fisch, auch wenn die Karte Rindfleischbällchen, Hühnerschenkel oder Heilbutt etc. bestimmen. Aber das hat Tradition: In China haben vegetarische Gerichte meist fleischige Namen ... Um den geneigten Westler nicht zu sehr zu irritieren, steht im Menü der Vegefarm stets das Wörtchen vegetarisch dabei. Viele Zutaten haben Bioqualität.

Hamburger Str. 45/47, Viertel, T 0421 70 86 96 60, http://restaurant.vegefarm.de, Tram 3 Weserstadion, Di–Sa 12–22, So 17–22 Uhr, €

Indisch-bio
Krishna 🔴 Karte 2, D 6

Der Inder in der Neustadt überzeugt mit frischen Produkten aus ökologischem Anbau. Viele vegetarische Gerichte. Keine Angst vor indischer Schärfe – der Gast wird gefragt. Bio-Getränke.

Große Annenstr. 52–54, T 0421 52 27 99 39, www.indisches-bio-restaurant.de, Tram 1, 8E Westerstraße, tgl. 17–22.15 Uhr, €€

Frische Küche
Isaak's Garden 🔴 G 4

Isaak's Garden, inspiriert von Tel Aviv, ist immer für eine Überraschung gut,

Essen und Feiern am Europahafen

denn zusätzlich zur Hauptkarte gibt es tagesaktuelle Gerichte. Vielleicht möchten Sie im schlicht, modern, aber gemütlich eingerichteten Souterrain eines Bremer Hauses mal Pulpo mit Blumenkohl-Bulgur, Linsen, Kichererbsen, Koriander und, und, und oder gegrillten Lammrücken oder Köfte probieren. Auch Vegetarisches und Veganes ist im Angebot.

Wachmannstr. 42a, Schwachhausen, T 0421 84 13 53 70, www.isaaksgarden.de, Tram 6 Brahmsstraße, zzt. Mi–Sa 12–15 (€, Tendenz €€), abends 2 Tischzeiten: 18–20, 20–23 Uhr, €€–€€€

Toscana in Bremen
La Fattoria 🔌 G 4

Toscana-Freunde haben die Toscana nach Bremen gebracht und verkaufen toscanische Spezialitäten von kleinen, handwerklich arbeitenden Erzeugern. Bis 12 Uhr können Sie hier frühstücken, bis halb sechs abends gibt es Panini etc. Mittags und abends ist der Laden auch eine Trattoria mit Pasta, Fisch und Fleisch …

Wachmannstr. 52, Schwachhausen, T 0421 794 90 77, www.la-fattoria.de, Tram 6 Brahmsstraße, Mo–Fr 9–22 Uhr, Küche 12–15, 18–21.30, Sa (keine Küche, aber Frühstück, Panini etc.) 9–15 Uhr, Mittagstisch €, abends €€–€€€

INSTITUTIONEN UND SZENETREFFS

Im Welterbe speisen
Bremer Ratskeller 🔌 Karte 2, E 5

Im Ratskeller bekommen Sie Bremer Knipp, Labskaus, aber auch Pannfisch, Hühnchen oder Steak – und das in der Hauptschankhalle oder intimer in den Priölken (wer wissen will, was das ist, lese im Kapitel übers Rathaus nach). Im historischen Ratskeller ist die Küche nicht von gestern, es gibt auch vegane und vegetarische Gerichte. Neben deutschen Weinen (große Auswahl!) wird – man hat das einst eherne Ratskellergesetz gebrochen – auch Bier ausgeschenkt.

Am Markt, T 0421 32 16 76, www.ratskeller-bremen.de, Tram 2, 3 Obernstraße, tgl. 11–24, Küche 12–23 Uhr, Terrassenkarte €–€€, sonst €€–€€€

Eine echte Institution in Bremen ist der Ratskeller mit seiner Gewölbehalle.

Zwischen Rhein und Weser
Ständige Vertretung im Flett (StäV) Karte 2, E 6
Schon der Gastraum lohnt einen Besuch. Wer unter den Holzbalken und der bemalten Decke sitzt, sollte unbedingt die Politgrößen-Bildergalerie an den Wänden betrachten. Die Karte folgt dem StäV-Konzept: rheinische Spezialitäten, Flammkuchen, Altkanzlerfilet (Currywurst) etc. Anders als früher: kein Akzent auf regionalen Spezialitäten, dafür mehr Vegetarisches. Zu trinken gibt es natürlich Kölsch, aber auch Pils und Wein.
Haus St. Petrus, Böttcherstr. 3–5, T 0421 32 09 95, www.staev.de, Tram 2, 3 Obernstraße 2, 3, 4, 6, 8 Domsheide, Di–Do 12–ca. 23, Fr/Sa 12–24, Küche jeweils bis 21 Uhr, Mittagstisch Di–Fr 12–15 Uhr, €–€€

Von Uniszene bis …
Haus am Walde H 1
Hier treffen sich Unileute, Leute aus dem Technologiepark, Familien mit Kindern, Spaziergänger etc. Besonders beliebt sind der Thekenraum mit wunderschönen alten Holztischen und die große Terrasse mitten in einem großen Garten (in der Saison Biergarten, Konzerte). Aber was wäre das, ohne leckeres Essen – mit nachhaltigen, regionalen Zutaten und einer zusätzlichen saisonalen Karte – und ohne gute Getränke? Toller Vorspeisenteller, schöne Salate und immer auch eine saisonale Karte (Spargel, Pfifferlinge, Grünkohl …). Ein Ort, um sich wohlzufühlen, zu entspannen. Auch leckerer, hausgebackener Kuchen (ab 14 Uhr).
Kuhgraben 2, T 0421 21 27 65, www.hausam walde-bremen.de, Bus Munte, Wiener Straße, tgl. ab 9 Uhr, Frühstück 9–13, Mittagskarte 12–15, Abendkarte 17.30–22, kleine Karte 12–22 Uhr, €–€€€

Verwinkelt im Schnoor
Katzen-Café Karte 2, E 6
Manch einer sagt, ohne hier gewesen zu sein (und sei es nachmittags zu Kaffee, Kuchen oder Eis), war man nicht in Bremen. Sie betreten das Lokal über einen schmalen Gang, der zum kleinen, tiefer liegenden Innenhof der Restauration

führt. Verwinkelt wie der Schnoor ist auch das Katzen-Café, das sich über mehrere Häuschen verteilt. Die Küche, von der Basis her traditionell französisch ohne Chichi, bietet ein breites Spektrum von einer Elsässer Schneckenpfanne oder Jakobsmuscheln asiatisch bei den Vorspeisen bis zu Fisch frisch vom Markt oder einem Normandie-Topf als Hauptgericht. Angegliedert ist das Sushi-Restaurant **Toshido,** das neben klassischen Sashimi und Sushi vor allem ›Fusion‹-Sushi der Pazifikküche anbietet.

Katzen-Café: Schnoor 38, T 0421 32 66 21, www.katzen-cafe.de, Tram 2, 3, 4, 6, 8 Domsheide, tgl. 12–17, 18–24, Küche 12–15, 18–23 Uhr, €–€€€; Toshido: www.toshi-do.de, Di–Sa 18–23, Do/Fr auch 12–15 Uhr, €–€€

Historisches Landhaus
Jürgenshof J 7
Seit 1810, damals wurde das heutige Bauernhaus erbaut, befindet sich hier eine ›Schankstätte‹. Heute wird in einem Kaminraum mit Holzbalkendecke, alten Türen und Gemälden oder auf der Terrasse mit Blick in die Pauliner Marsch gediegen gegessen. Hier können Sie von Knipp bis zu Matjes herzhaft-deftige regionale oder gutbürgerlich-geho-bene Küche (Heilbutt, Maishähnchen, Filetsteak) genießen. Auch vegane und vegetarische Gerichte. Abends reservieren!

Pauliner Marsch 1, T 0421 44 10 37, www.juer genshof.com, Tram 3 Georg-Bitter-Straße, dann 10–15 Min. zu Fuß, tgl. 10–23, Küche 12–21 Uhr, €€–€€€

Edel speisen im Schnoor
Schröter's Leib & Seele
 Karte 2, E 6
Keinesfalls ein billiges, aber allemal ein preis-wertes Restaurant. Die Karte wechselt regelmäßig. Daher kann ich nicht garantieren, dass Tataki vom Thunfisch als Vorspeise zu haben ist. Zu den Klassikern zählen gebratene Blutwurst auf Kartoffelmousseline, Thai-Curry von Edelfischen oder ein veganes Kichererbsencurry. Doch ob Zander Ochsenbäckchen oder Hirschrücken – hier versteht man zu kochen. Geplant ist

nebenan einen besonderen Burgerladen zu eröffnen. Kleiner Innenhof.

Schnoor 12–14, T 0421 32 66 17, www.schroe ters-schnoor.de, Tram 2, 3, 4, 6, 8 Domsheide, Di–Sa 12–14.45, 18–23 Uhr, Abendkarte €€–€€€, Drei-Gänge-Menü um 40 €, Mittags-karte 12–14.45 Uhr um 15 €, Drei-Gänge-Menü ca. 21 €

Brasseriekultur vom Feinsten
Chapeau La Vache F 4
Direkt neben dem Standesamt und gegenüber dem Bürgerpark wurde der alten Villa Rocholl zuletzt dank des französischen Honorarkonsuls in Bremen, Christoph Meier, neues Leben eingehaucht: Saniert und stilvoll gestal-tet findet sich hier nun ein französisch inspiriertes Restaurant mit Bar und Ter-rasse. Für die Küche zeichnet der lang-jährige Inhaber des Kaffee Worpswede, Jens Kommerau, verantwortlich. Und trotz Corona-Zwangspause: Die Bremer haben das neue Restaurant begeistert angenommen. Hier bekommen Sie z. B. (die Karte wechselt) Rinderbäckchen, Steak Frites, immer Gillardeau Austern oder leckere Bouillabaisse. Ab und an findet sich ein Hauch von Asien auf der Karte, eine Vorliebe des Küchenchefs. Mit Terrasse. Unbedingt reservieren! Die Barkarte ist ebenfalls vom Feinsten – und kleine Speisen gibt es auch.

Hollerallee 77, T 0421 33 11 17 78 https:// chapeau-la-vache.de, Tram 5, Bus 26, 27 Bürgerpark, Tram 6, 8 Bus 24 Am Stern, Mo–Sa ab 18 Uhr, €€€

Ü
ÜBRIGENS

Was den Berlinern und den Ruhr-pöttlern ihre Currywurst ist den Bre-mern die **Bratwurst** vom Rost oder aus der Pfanne. Uneins sind sich die Bremer nur, ob die Wurst von Kiefert oder von Stockhinger am besten schmeckt. Den direkten Vergleich können Sie am Liebfrauenkirchhof (Karte 2, E 5) machen, wo beide mit einem Imbiss vertreten sind.

FISCHERS FRITZ FISCHT FRISCHE FISCHE

Wöhlke's Fischerkörbchen 🕐 J 4
Verstecken muss es sich nicht, hübsch und mit Liebe eingerichtet, verbirgt sich dieses Lokal im hinteren Bereich des Fischgeschäfts – und hat sogar eine überdachte Terrasse. Das hier der Fisch frisch auf den Tisch kommt, ist klar. Sie können zwar bei Regina Wöhlke meist nur mittags essen, aber warum nicht nach einem Spaziergang über den Riensberger Friedhof im Fischerkörbchen hier einkehren. Von der hausgemachten Fischfrikadelle mit Kartoffelsalat über gedünsteten oder gebratenen Fisch in dünner Panade gibt es leckeren Fisch zum fairen Preis.
www.fisch-woehlke.de, Tram 4 Friedhofstraße, Mittagstisch Di–Fr 11–14, Sa 11–13, meist 1. Do/Monat 18–21 Uhr Fischtafel satt (Termine: Website), €–€€

Dat Fischhuus: 🕐 Karte 2, E 6
Ein paar Tische hinten durch (sogar ein paar Plätze draußen) und insgesamt eher Imbisscharakter hat das kleine Fischhaus im Schnoor. Klar, dass Sie hier Ihr Fischbrötchen oder Ihren Backfisch, ihre Kibbelinge oder Garnelen auch ›auf die Hand‹ bekommen.
Schnoor 30, Tram 2, 3, 4, 6, 8 Domsheide, Mo–Fr 11–18, Sa/So variierend, €

Knurrhahn 🕐 Karte 2, E 5
Bremens ältestes Fischrestaurant, ziemlich rustikal-altbacken im Interieur, aber frischen Fisch gibt's hier, ebenso wie eingelegten: Grüne Heringe oder Matjesfilet, Backfisch oder eine ganze Kutterscholle, ob Büsumer Art mit frischen Nordseekrabben oder Finkenwerder Art mit Speck und Zwiebeln.
Schüsselkorb 32/33, T 0421 32 31 28, www.fischrestaurant-knurrhahn.de, Tram 4, 6, 8 Schüsselkorb, Mo–Mi 11–19, Do–Sa 11–20, So 11.30–16 Uhr, €–€€

Fisherman's Seafood
🕐 Karte 2, F 6
In der alten Polizeiwache, heute u. a. Sitz der Stadtbibliothek, finden Sie dieses moderne Fischlokal. Norddeutsche Klassiker wie Matjes, Nordseekrabben, Brataal, Backfisch mit hausgemachtem Kartoffelsalat, verschiedene Schollengerichte prägen seine Karte. Aber es gibt auch Zander, Wildlachs etc. Wer nicht auf Fisch steht, findet eine kleine Auswahl an Fleischigem oder Fleisch- und Fischlosem. Verlockend ist nicht zuletzt das Mittagsangebot (Di–Sa 11–15 Uhr).
Am Wall 201, T 0421 33 06 61 61, www.fishermans-bremen.de, Di–Do 11–15, 17–21, Fr/Sa bis 22 (Küche bis 21) Uhr, €–€€

EXPERIMENTIERFREUDIG UND UNGEWÖHNLICH

Currys im Beduinenzelt
Kamayan 🕐 H 6
Wie in einem Beduinenzelt mitten in der Wüste können Sie sich hier fühlen: sandbedeckter Boden, ein Himmel aus Stoffbahnen, niedrige Tische mit Sitzkissen (auch einige ›normale‹ mit Stühlen). Currys, z. B. aus Indien oder Thailand, manchmal auch karibisch oder afrikanisch, bestimmen die monatlich wechselnde Karte (auch vegetarisch oder vegan). Junge, freundliche Bedienung und entsprechende Gäste.

An jedem letzten Samstag im Monat findet normalerweise ein Themenabend statt, das kann etwa eine nepalesische, eine afrikanische oder eine philippinische Nacht sein – natürlich immer mit landestypischen Speisen. Sehr beliebtes Lokal, am besten reservieren.
Am Hulsberg 1, T 0421 84 73 70 75, www.kamayan.de, Tram 2, 10 Am Hulsberg, Mi–Do, So 18–22, Fr 18–24 Uhr, €–€€

Einmal im Monat äthiopisch
Novazena 🕐 D 6
Pizza, Rollo, Schnitzel – und das am Schwimmbad (Südbad)? Sei's drum. Das Novazena hat sich hochwertigen Produkten verschrieben, viele aus

biologischem Anbau. Zum Salzen wird ausschließlich Himalajasalz verwendet. Spannend ist das Äthiopische Büfett (17,90 €) am ersten Samstagabend im Monat. Zum dünnen Injera-Fladen gibt es dann eine bunte Mischung landestypischer Gerichte auf der Basis von Rind, Lamm, Huhn oder Gemüse. Natürlich bekommen Sie hier Biokaffee und äthiopischen Tee. Terrasse.

Neustadtswall 81, T 0421 959 77 77, www. novazena.de, Tram 4 Theater am Leibnizplatz, Mo–Fr 10–23, Sa/So 11–23, warme Küche 12–21.30 Uhr, €

Klein, angesagt und exzellent
Küche 13 Karte 3, F 6

Jan-Philipp Iwersen hat sich mit dem kleinen Eckrestaurant etwas abseits des Ostertorsteinwegs längst seinen Platz nicht nur in der Viertelgastronomie erkocht. Seit 2010 gibt es in der Küche 13 eine kleine, immer feine, wöchentlich wechselnde Speisekarte. In der offenen Küche werden die Gerichte frisch zubereitet: Unter den Hauptgerichten findet sich mal Loup de Mer, mal Gemüsepakora oder Rumpsteak vom Weserrind – selbstverständlich wird auf saisonale Zutaten geachtet. Sie speisen an rustikal-dunklen Holztischen. Frühzeitig reservieren.

Beim Steinernen Kreuz 13, T 0421 20 82 47 21, www.kueche13.de, Tram 2, 3 Wulwesstraße, Di–Sa ab 18, Buchungsfenster 18–20 oder ab 20.15 Uhr, €€–€€€

Kleine Experimente im alten Speicher
Port im Speicher XI B 3

Im Hafenspeicher mit der Hochschule für Künste und dem Hafenmuseum wird klassisch, mit Mut zu aparten Variationen gekocht. Die Küche ist frisch, manchmal brauchen Sie ein wenig Geduld, die Gerichte sind schmackhaft – ob Schnitzel Wiener Art oder Fischpfanne, Pasta oder Flanksteak. Steaks ebenso wie der Port Burger sind hier schon längst Klassiker. Ich kenne niemanden, der das Restaurant unzufrieden verlassen hat. Immer stehen auch Currys auf der Karte.

Am Speicher XI, T 0421 61 94 10, www. port-speicherxi.de, Bus 28 Hochschule für Künste, Bus 26, 28 Überseetor, Do14–23 (Küche 17–22), Fr 14–23 (Küche bis 22), Sa 12–23 (Küche bis 22), Uhr, So 10–14 Uhr Brunch (30 €, 4–11 Jahre: 2,50 € je Lebensjahr), sonst €€–€€€

Die etwas andere Grillbude
Golden Grill außerhalb M 2

Das Wetter ist schön, es ist Wochenende, ich schau mal eben auf Facebook nach, okay, der Golden Grill ist auf, also rauf aufs Rad, raus ins Grüne auf den Hodenberger Deich (oder per Bus oder Auto so nah wie möglich ran). Leon Bülow, der nach Stationen im In- und Ausland heute hauptberuflich die exzelente Cateringfirma Kochblock (www. kochblock-bremen.de) mit betreibt, hat eine Holzbude am Deich zum In-Spot am Wochenende gemacht. Leckere Currywurst, klasse Kartoffelsalat, immer wieder überraschende ›Schweinereien‹, nicht nur vom Grill, nicht nur mit Fleisch. Prima Getränke. Einfach genießen und die Seele baumeln lassen.

Am Hodenberger Deich 73c, Bus 33, 34 bis Höpkens Ruh, dann ca. 35 Min. Fußweg, ca. April/Mai bis Herbst Sa 14–19, So 12–18 Uhr (bitte auf Facebook checken), €

K
KOHLTOUR

Wer Bremen in der kalten Jahreszeit besucht, begegnet womöglich einer munteren Truppe dick vermummter Menschen, die, um einen vollgeladenen Bollerwagen geschart, eine kleine Wanderung unternehmen. Und wenn diese dann stehen bleiben und ein jeder, eine jede den vom Hals herabbaumelnden Schnapsbecher zückt, ist dies nicht weiter bedenklich: Die Leute sind auf **Kohltour.** Nach einem kürzeren oder längeren Gang geht es im Anschluss in ein Privathaus oder ein Restaurant, wo dann zünftig Kohl und Pinkel (▶S. 90) gespeist wird.

Schräg, alternativ, schick

Es gibt da so ein Vorurteil: Wer in Bremen wohnt und shoppen will, muss nach Hamburg fahren. Stimmt nicht! Sie müssen nur wissen, was und wo. Oder sich einfach treiben und überraschen lassen. Zugegeben, das ›Viertel‹ irritiert: keine Fußgängerzone, dafür Verkehr, keine cleane Einkaufsmeile, dafür eine spezielle Atmo zwischen chaotisch, graffitigeprägt, alternativ und sub. Hier sitzen neben alteingesessenen Geschäften, pfiffige Modeboutiquen gemixt mit Schuh-, Schmuck- und anderen Lädchen für jeden Geldbeutel und jeden Geschmack: von abgefahren über einfach nur schräg bis edel. Alteingesessene haben es nicht ganz leicht, Telefonläden und Imbissbuden machen ihnen das Territorium streitig. Im nahen **Fedelhören** finden sich ein paar Mode- und Antikgeschäfte.

Falls Schmuddelwetter herrscht (das ist weniger oft der Fall, als mancher meint), können Sie auf die Einkaufspassagen zurückgreifen: Katharinenklosterhof und Domshofpassage oder die Straße Am Wall, wo sich langsam wieder etwas tut (trotz der merkwürdigen Verkehrsversuche), mit teils überdachten Bürgersteigen. Und dann wär da noch die **Waterfront** (▶ S. 52, www.waterfront-bremen. de, Tram 3 Use Akschen) – das Einkaufszentrum im Norden der Überseestadt, dessen Äußeres an ein gelandetes Ufo erinnert (sollte mal ein Space Park werden …). Hier gibt's zwar vor allem Filialen der Kettenläden, aber auch einen Food Court und ein paar Freizeitangebote – und das direkt an der Weser.

ZUM SELBST ENTDECKEN

Im Bereich **Ostertor** und **Steintor** lässt sich stöbern. Hier gibt es alles: von Mode, Schmuck, Büchern, Kunst und Kunsthandwerk über Haushaltswaren bis zu Genussmitteln.

Wer auf der Suche nach Souvenirs ist und auch Kurioses zu schätzen weiß, der sollte in **Böttcherstraße** und **Schnoor** die Augen offenhalten.

In der Stadtmitte reihen sich an bzw. rund um **Söge-** und **Obernstraße** und deren Passagen überwiegend die üblichen Verdächtigen, Standard in jeder Innenstadt. Zzt. soll mit Pop-up-Stores hier und da getestet werden, wie es in Zukunft weitergehen könnte …

Einkaufsstraße mit Sauen (Söge/Soghe) – Sögestraße

VINYL UND NOTEN

Noten und Musikalien
Bartels Noten 🔒 Karte 2, E 6
Seit 1930 besteht diese renommierte
Noten- und Musikalienhandlung.
Prominente Kunden wie Gideon Kremer
oder Thomas Quasthoff haben hier
eingekauft. Neben Noten und Musik-
büchern führt Bartels auch Materialien
aus dem Popbereich. Die Firma ist bereit
für aufwendige Recherchen.
Wachtstr. 18, www.bartelsnoten.de, Tram 2, 3,
4, 6, 8 Domsheide, Mo–Fr 11–15 Uhr

Vinyl
Black Plastic Bremen
🔒 Karte 3, F 6
Das Viertel ohne Plattengeschäft, nachdem der Kultladen Ear geschlossen hatte,
das gefiel zwei Bremern nicht. So holten
sie den Black-Plastic-Boss Gube (Dort-
mund) mit ins Boot und eröffneten 2019
Am Dobben. Hier gibt es neue Scheiben
und gebrauchte, ohne Genrefestlegung.
Am Dobben 69, www.blackplastic.de, Tram 2,
3, 10 Sielwall, Mo–Mi, Fr 11–19, Do 11–20, Sa
11–16 Uhr

DELIKATESSEN UND LEBENSMITTEL

Nicht nur Ess- und Trinkbares
Made in Bremen 🔒 Karte 2, E 5
In der alten Stadtwaage finden Sie auf
zwei Etagen tolle Produkte aus Bremen
und der Region: von Boxen mit Pinkel,
Gürkchen, Apfelmus und Korn oder mit
Labskaus, über typische Bremer Süßig-
keiten oder Spirituosen bis zu Kunst-
handwerk und Büchern. Ein Laden der
Spaß macht und prima ist, um Souvenirs
oder Geschenke für sich und andere zu
erstehen.
Langenstr. 13, https://madeinbremen.com,
Tram 2, 3 Obernstraße, Mo–Sa 11–18 Uhr

Von Hand mit Liebe gemacht
Bremer Bonbon Manufaktur
🔒 Karte 2, E 6
Sabine Marquardt ist fasziniert von der
traditionellen Bonbonherstellung, von
alten Rezepten und Modeln. Sie können
bei der Herstellung zuschauen und
Bonbons in unzähligen Geschmacksrich-
tungen oder auch Lollis mit den Bremer
Stadtmusikanten kaufen. Sie wollen
selbst Bonschen (so heißen Bonbons in
Bremen) machen: Es gibt auch Kurse. Da
heißt es dann: kneten und ziehen, rollen
und pressen.
Handwerkerhof, Böttcherstr. 8, www.
bremer-bonbon-manufaktur.de, Tram 2, 3, 4, 6,
8 Domsheide, Tram 2, 3, Obernstraße, Mo–Sa
11–17, April–Sept. auch So 12–17 Uhr

Bremer Klaben
Café Knigge 🔒 Karte 2, E 5
Das Traditionscafé hat den für mich besten Klaben – Hefeteig, Butter, Rosinen …
– der Stadt. Ähnlich dem weihnachtlichen
Stollen ist er haltbar. Sie bekommen
ihn abgepackt im Ganzen, in Stücken,
in Scheiben. Eine weitere Spezialität
des Hauses und gut zum Mitnehmen:
Baumkuchen. Wenn Sie schon mal hier
sind – die Grand-Marnier-Torte (keine
Sahnetorte) schmeckt mir besonders gut.
Sögestr. 42–44, www.knigge-shop.de, Tram 4, 6,
8 Herdentor, Mo–Sa 9–18, So 11–17 Uhr

Der etwas andere Teeladen
Kassiopeia 🔒 G 5
Seit 65 Jahren gibt es die Handelsgesell-
schaft (seit 2005 EU-ökozertifiziert) für
Tee und Edelsteine, auch nach eigenen
Vorgaben gerösteten Kaffee ist im Sorti-
ment. Den Reiz macht der Laden selbst
aus: Nichts wurde an der Einrichtung
verändert, er ist vollgestellt, bunt – schön.
Sie können Tee verkosten, sich die Geschichte des Hauses, der Firma, der Gründer erzählen lassen – und einkaufen. Tees
von ausgesuchter Qualität, ob aus Indien,
Nepal, Sikkim, Vietnam, China, Japan, ob
schwarz, ob grün, ob halbfermentiert oder
aromatisiert … und im Hause verpackt.
Bismarckstr. 89, www.kassiopeia-bremen.de, Tram
1, 4, 10 Am Dobben, Mo–Fr 9–13, 15–18 Uhr

Viele Bio-Anbieter
Findorffmarkt 🔒 E/F 3
Ein netter Wochenmarkt mit vielen Produkten aus ökologischem Anbau ganz in
der Nähe des Torfhafens.

Statt Stadtmusikanten passt auch Maritimes als Bremen-Souvenir.

Neukirchstraße, Findorff, www.findorff
markt-bremen.de, Bus 26, 27 Findorffallee,
Eickedorfer Straße, Di, Do 8–13, Sa 8–14 Uhr

Größter Wochenmarkt
Wochenmarkt Domshof
🛍 Karte 2, E 5
Hier gibt es Obst und Gemüse, Wild und
Geflügel, Fisch (außer Mo), Käse und
Brot etc. Auch regional und bio. Vor Ort
etwas essen können Sie auch, nicht nur
in der am Domshof liegenden Markt-
halle Acht (► S. 30).
Domshof, Mitte, www.domshof-markt.de, Tram
4, 6, 8 Schüsselkorb, 2, 3 Obernstraße, Mo–Fr
8–14, Sa 8–15 Uhr

....
GESCHENKE, DESIGN, KURIOSES
....

Maritim von Buddelschiff bis Mode
Albers Maritim 🛍 Karte 2, E 6
Was gehört in eine Seestadt, auch
wenn sie nicht am Meer liegt? Albers
Maritim verkauft im Schnoorviertel
Segelutensilien, maritime Souvenirs
von Buddelschiffen bis zu Glasenuhren
sowie sportlich-maritime Kleidung u. a.
von Sebago, Signal und Saint-James.
Stavendamm 7, Schnoor, www.albers-maritim.
de, Tram 2, 3, 4, 6, 8 Domsheide, Mo–Sa 11–18,
Sommersaison auch So 12–17 Uhr

Papier mal anders
Atelier GAG 🛍 Karte 2, E 6
Wer gerne faltet, Spaß an Papier-(Kar-
ton-)modellen, Bastelbögen aus der
ganzen Welt hat, der wird hier sicher
fündig.
Schnoor 31, Tram 2, 3, 4, 6, 8 Domsheide,
Mo–Sa 12–17, Mai–Dez. auch So 12–17 Uhr

Afrika–Asien, Kunst–Kunsthandwerk
Galerie Afroasiatica 🛍 Karte 2, E 6
Der sich über zwei Ebenen erstreckende
schmale Laden von Ursula Stümper
versetzt in andere Welten – nach Afrika
und Asien. Seit 55 Jahren hat Ursula
Stümper ihre ›Curiositäten‹-Galerie im
Schnoorviertel. Ob buddhistische oder
hinduistische Figuren, westafrikanische
Masken oder Schmuck aus Asien.
Marterburg 29, Schnoor, www.afroasiatica.com,
Tram 2, 3, 4, 6, 8 Domsheide, Mo–Fr 11–18, Sa
11–16/17 Uhr

Zerbrechlich
Glasmanufaktur Borgardt 🛍 F 7
Begonnen in der Böttcherstraße, dann
im Schnoor, mit vollem Risiko ab in die
Neustadt und nun wieder mit einem Shop
in der Böttcherstraße vertreten: Irene
Borgardt ist sich treu geblieben – und
ihrem Material: Glas. Mundgeblasen oder

nicht, aber immer von Hand gefertigt, gibt es filigrane Gläser und Schmuck (aus bleifreiem, superleichtem Borosilikatglas), Zierobjekte aus Natron-Kalkglas und auch Recyceltes.

Buntentorsteinweg 252, www.glasmanufaktur.de, Tram 4 Kirchweg, Di/Mi 10–18 Uhr; Shop Böttcherstraße: ▶ S. 34

Kreativ, bunt, manchmal schräg
von Machen und Tun 🔒 Karte 2, F 6
Kunsthandwerk der etwas anderen Art, aus Papier, aus Stoff …, immer wieder neu, mal nur schön, mal auch schräg. Hier finden sich kunsthandwerkliche Arbeiten von Gestaltern aus der Region.

Ostertorsteinweg 46b, Viertel, www.von-machen-und-tun.de, Tram 2, 3 Theater am Goetheplatz, Di–Fr 11–18, Sa 11.30–16 Uhr

Nicht nur Fotografenträume
Schnoor One 🔒 Karte 2, F 6
Fotograf, Autor, Künstler, Eventorganisator, Stadtführer, Phil Porter ist all das – und hat nun im Schnoor einen kleinen Laden eröffnet, wo man sich auf die Künstlers Träume einlassen und ein wenig extra Urlaubsfeeling entwickeln kann: Altes, Neues, Kurioses, Exotisches, Ex- oder Noch-nicht-Requisiten für seine Arbeiten, Flohmarkt- oder Theaterfundi-Funde, Möbel, Dekoratives … Porter hat ›seinem‹ Rom des Nordens zusätzliches Flair geschenkt. Im Treppenhaus sollen zudem Ausstellungen gezeigt werden.

Schnoor 1, https://phil-porter.de, Tram 2, 3, 4, 6, 8 Domsheide, Di–So 11–18 Uhr

Das ganze Jahr ist Weihnachten
Weihnachtsträume 🔒 Karte 2, F 6
Es ist schon verblüffend – drei Etagen in einem der alten Speicherhäuser an der Marterburg sind voll mit weihnachtlichem Schmuck – bunt und stilvoll.

Marterburg 45, Schnoor, www.weihnachtstraeume.de, Tram 2, 3, 4, 6, 8 Domsheide, tgl. 10–18 Uhr

---

MODE, ACCESSOIRES

Sneaker, maßgefertigt
BLNKS 🔒 Karte 2, F 5
Sie suchen das Besondere? Unterschiedlichste Leder, sogar aus dem Abfallprodukt Fischhaut hergestellt, Korkfußbette, Kautschuksohlen werden zu Sneakern verarbeitet: Uni, bunt, opulent mit Spikes (nicht an den Sohlen!) besetzt. Wo? Entwurf in Bremen, von Hand gefertigt in Italien, Fertigungszeit ca. 28 Tage. Sie sind

---

FLOH- UND STRASSENMÄRKTE

Haupt-›Spielplätze‹ für Flohmarkt- und Antikfans sind die Bürgerweide sowie das Weserufer im Bereich der Schlachte.

Flohmarkt Bürgerweide 🔒 F 4
Der beliebte Markt mit bis zu 600 Händlern zählt im Sommer zu den größten regelmäßigen Flohmärkten Deutschlands. Hier gibt es Antikes und Trödel jeder Art. **Achtung:** Bei schlechtem Wetter findet der Markt auch im Sommer u. U. im Herbst-/Winterquartier statt, das wird samstags ab 12 Uhr auf der Website bekannt gegeben.

Bürgerweide, Hbf Nordseite, www.breminale.de/flohmarkt, So 7–14 Uhr, Herbst/Winter (s. Website) Parkdeck Hansa Carré (🗺 außerhalb J 7), Pfalzburger Str. 41, Tram 3 Weserwehr

Bremer Weserflohmarkt
🔒 Karte 2, E 5/6
Hier wird Wind und Wetter getrotzt. Zugegeben findet sich viel Ramsch, viele Klamotten, aber sei's drum. An Flair gewinnt der Markt (und wird voller), wenn ab Mai auf der Schlachte selbst der Kajenmarkt stattfindet (▶ S. 42).

Weserpromenade Bereich Tiefer/Schlachte, www.grossmarkt-bremen.de/maerkte/antik-und-troedelmarkt-am-weserufer, Bus 25 Martinistraße, März–Okt. Sa 8–14 Uhr

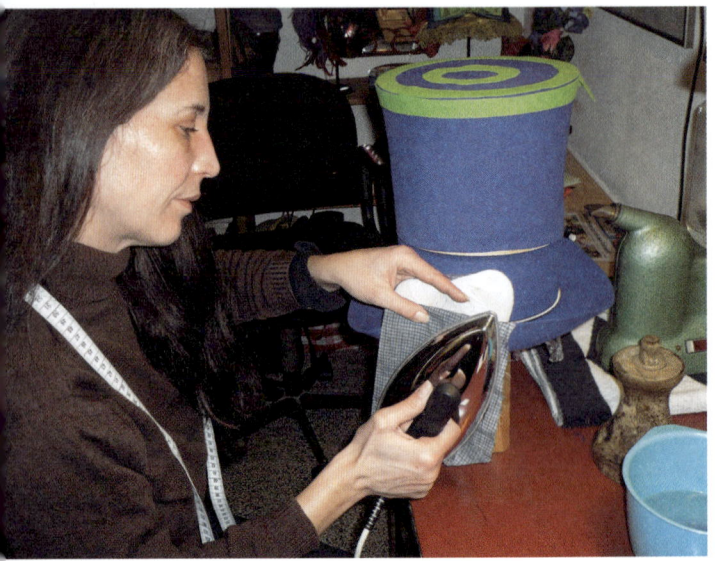

Wird das ein Hut für den großen Bühnenauftritt? Möglich wär's. Die Hutmacherin Kay Schmitz ist auf jeden Fall ganz in ihrem Element

dann nicht noch einmal in Bremen (was schade wäre): Die Schuhe werden zugeschickt. Das Schöne: Die Sohlen lassen sich bei Abnutzung tauschen – oder falls doch etwas nicht auf Anhieb sitzt, ist eine Nachbesserung kein Problem. Der Preis: Das günstigste Modell kostet 299 €.
Bischofsnadel 12, www.blnks.de, Tram 4, 6, 8 Schüsselkorb, Mo–Fr 11–18, Sa 11–16 Uhr

Nordisch, nachhaltig, individuell
Huddy 🛍 Karte 2, F 5
Der Laden ist zugleich Manufaktur für Viktoria Theoharovas Labels. Sweatshirts, Röcke, Regenkleidung, dazu eine Charity-Kollektion: »Home is where the Moin is« – und für seine Heimat tut man was. Wer hier einkauft, kann also nicht nur sich selbst Gutes tun. Selbstredend sind alle Stoffe zertifiziert (GOTS, BIO, Standard 100 by Öko-Tex) und in Deutschland hergestellt. Vieles wird für die Kunden extra und passgenau angefertigt – Pulloverbasteln nach dem Baukastenprinzip, aber auch Direktkauf ist möglich.
Bischofsnadel 12, https://myhuddy.de, Tram 4, 6, 8 Schüsselkorb, Di–Fr 11–18, Sa 11–16 Uhr

Auf den Leib geschneidert
La Gitana 🛍 Karte 2, F 5
Die sympathische Gitana Schilowitsch entwirft und näht vor Ort ihre Mode im Zeichen von Nachhaltigkeit: aus fair produzierten Materialien und zu erschwinglichen Preisen. Ihre Stoffe sind hochwertig, werden in Europa gefertigt, u. a. verarbeitet sie Bio-Baumwolle entsprechend dem Global Organic Textile Standard. Vielleicht finden Sie auf Anhieb etwas Passendes – Bluse, Shirt, Rock, Kleid. Wenn nicht, schauen Sie, wählen Stoff und Schnitt und es wird Ihrer Figur entsprechend genäht.
Fedelhören 12, www.facebook.com/laGitana Bremen, Tram 1, 4, 10 Rembertistraße, Di, Do/Fr 11–14, 15–18, Mi, Sa 11–14 Uhr

Nachhaltig – Ethnomode aus Peru
El Tumi 🛍 Karte 2, F 6
Dora Wildung lässt u. a. eigene Entwürfe in Peru umsetzen, die sie in ihrem Laden verkauft. Diese Artikel werden von indigenen Familien am Titicaca-See gestrickt oder auf hölzernen Webrahmen gewebt und teils bestickt. Die verarbei-

tete Wolle (Alpaka oder Baby-Alpaka) ist mit Pflanzenfarbe gefärbt. Daneben gibt es Mode des eigenen Labels Fox's, in Deutschland oder der EU gefertigt. Auch hier wird (ebenso wie bei den zugekauften Stücken) Wert auf biologisch erzeugte und fair gehandelte Produkte gelegt.

Ostertorsteinweg 64, www.eltumi.de, Tram 2, 3 Theater am Goetheplatz, Mo–Fr 11–19, Sa 10–17 Uhr

Alter Name, moderne Dessous
Korsett Friedel 🅐 Karte 3, F 6
Liest man den Namen – man ahnt es nicht. Seit 1904 (das ahnt man vielleicht schon) besteht Korsett Friedel – aber ist mitnichten stehengeblieben. Dessous, Nachtwäsche, Strümpfe, Bademoden von sportlich bis elegant, von deutschen und internationalen Herstellern. Tradition verpflichtet, allemal zu guter Beratung.

Ostertorsteinweg 73, www.korsett-friedel. de, Tram 2, 3 Wulwesstraße, Mo–Fr 10–18.30, Sa 10–16 Uhr

Edle Mikrofaserfashion
Protoype.Schumacher
🅐 Karte 2, F 5
»Kompromisslos-luxuriöse Mode«, so hat sie es selbst einmal formuliert, entwirft die gebürtige Bremerin Sigrid Schumacher. 1993 gründet sie ihr eigenes Atelier und eröffnet ihre erste Boutique in ihrer Heimatstadt. Sie verarbeitet vor allem einen vor Jahren nach ihren Vorgaben entwickelten und Ökotex 100 zertifizierten Mikrofaserjersey (den längst auch andere Designer verwenden). Ihre Mode: bunt, jung, tragbar, trendsetzend. In ihrer Boutique bekommen Sie Stücke von der Stange (oder Sie geben ein Modell in Auftrag). Stimmig dazu ihre legendäre Auswahl an edlem Vintage-Modeschmuck der 1930er–60er-Jahre aus Europa und den USA.

Fedelhören 99, www.prototype-schumacher. com, Tram 1, 4, 10 Rembertistraße, Mo/Di, Do/Fr 11–19, Mi 14–19, Sa 11–17 Uhr

Mode für Männer
Kontrast 🅐 Karte 2, F 5
Modisch, stilvoll, klassisch, verspielt – wer schicke, hocwertige Herrenmode

zu schätzen weiß, der ist hier gut aufgehoben. Labels wie Seldom, Phil Petter, A.B.C.L., Fil Noir und viele mehr sprechen (t)hier.

Fedelhören 98, www.kontrast-maennermode. com, Tram 1, 4, 10 Rembertistraße, Di–Fr 12–19, Sa 11–16 Uhr

Schmuck – filigran und feminin
dorte peymann Schmuckstücke
🅐 Karte 2, F 6
Die Goldschmiedin Dorte Peymann schafft wunderbar filigran-feminine Arbeiten aus Gold, Silber oder Platin mit Edelsteinen. Da greifen Blütenformen ineinander oder ein Goldstreif wickelt sich zum Ring.

Ostertorsteinweg 60, www.peymann.de, Tram 2, 3 Theater am Goetheplatz, Mo–Fr 11–19, Sa 11–16 Uhr

Wer hat Lust auf Hüte – für Bühnenprofis und Alltagshelden? Der sollte auf die Website von **Hats on Stage** schauen. Hats on Stage, das sind Kay Schmitz, die Kreative, und Marcus Pick, der kongeniale Partner und Koordinator. Kopfbedeckungen von schlicht über elegant bis mutig-kreativ. Das hat u. U. seinen Preis – abhängig von Zeitaufwand, Materialkosten usw. Erschwinglich bleibt es, wenn Sie bei den Kollektionen fündig werden – in deren Rahmen individuell gefertigt wird. Und immer wieder kommen neue Ideen, so hat Kay Schmitz in Coronazeiten begonnen, das Viertel zu ›behüten‹: in Zusammenarbeit mit kleinen Läden im Viertel zu diesen passende Hutkreationen entwickelt und daraus eine Fotoserie entstehen lassen.

🅐 Karte 3, G 6, Brunnenstr. 37, T 0421 695 65 93, 0172 412 41 03, www.hatsonstage.eu, Tram 2, 3, 10 Brunnenstraße, Di–Fr 11–18, Sa 11–15 Uhr

Rau, herzlich, loungig

Bremen ist halt eine kleine Großstadt, in Norddeutschland. Es gibt keinen Fado wie in Portugal, keine Tradition von Tapasbars, kein Bummeln auf der Rambla, kein abendliches Promenieren. Doch auch die Bremer lieben es auszugehen und zu feiern.

Abends ist man/frau an der Schlachte unterwegs und in der einen oder anderen Seitenstraße. Hier gibt's Bars und Restaurants, Bierkneipen und im Sommer Bier›gärten‹ direkt oberhalb der Weser. Im Kommen ist die Überseestadt mit den Lokalen im Bereich des Wesertowers oder entlang des Europahafens. Und im Viertel, insbesondere im Bereich zwischen Ulrichsplatz und Sielwall und umzu, brodelt abends ebenfalls das Leben. Wobei Sie hier immer wieder hören werden, dass es doch die Schlachte ist, die das Ausgehvolk abwirbt. Nicht zuletzt seitdem die Feiermeile Auf den Höfen der Vergangenheit angehört.

Die Mischung ist bunt, von rau, aber herzlich im Eisen, über alternativ angehaucht im Litfass oder Kuß Rosa, bluesmäßig im Meisenfrei bis schick-loungig im Chilli oder Soho Club.

Und wenn Traditionsevents anstehen, die Bremer Sixdays im Januar, der Freimarkt im Herbst oder Festivals wie La Strada oder Breminale, dann gehen die Bremer so richtig aus sich raus. Dann tobt etwa der Bär in der ÖVB Arena (Sixdays), in den Zelten während des Freimarkts. Doch auch die etwas besinnlicheren Events wie Musik und Licht am Hollersee (September) sind sehr beliebt.

ZUM SELBST ENTDECKEN

In zwei innerstädtischen Bereichen häufen sich Lokale aller Art – außer Discos: im ›**Viertel**‹, d. h. an den Straßen Ostertorsteinweg, Vor dem Steintor und in deren Seitenstraßen, sowie an der **Schlachte.**

Das Gros der Diskotheken konzentriert sich in Bahnhofsnähe im Bereich **Breitenweg/Rembertiring.** Doch Augen auf, wer feiern möchte, sollte einen Blick ins Web werfen und schauen, wo Special Events stattfinden, vielleicht im Schlachthof oder Lagerhaus.

Abends im ›Viertel‹

BARS UND KNEIPEN

Handwerklich gebraut
Union Braugasthaus ☼ D 2
In dem alten Gemäuer der Unionbrauerei wird nicht nur wieder Bier gebraut – hier können Sie auch die hauseigenen Craftbiere genießen. Sie fließen direkt aus den 500 l Tanks über der Theke in die Gläser der Gäste. Neben den eigenen Bieren werden auch Biere von Partnerbrauereien ausgeschenkt. Es muss ja nicht immer eine Weinprobe sein … Mit Braugarten.
Theodorstr. 12/13, Walle, T 0421 89 82 16-0, www.brauerei-bremen.de, Tram 2, 10 Gustavstraße, Di–Fr ab 17, Sa ab 12 Uhr

Asian Touch, Bar, Brasserie
Chilli Club ☼ D 5
Szenig, hip, angesagt, das ist der Chilli Club, asiatische Brasserie und Bar. Bei Clubmusik lässt sich hier in angeregter Atmosphäre bei Cocktails und Longdrinks an der Bar chillen – wer hätte es gedacht: Darauf bezieht sich der Name. Oder Sie nehmen an einem der vielen Tische drinnen – oder bei gutem Wetter auf der großen Terrasse an der Weser Platz und verbringen einen schönen Abend, genießen dazu moderne asiatische Küche (€€): Sushi, asiatische ›Tapas‹ usw.
Am Weser-Terminal 8, T 0421 39 09 90 00, www.chilliclub-bremen.de, Tram 3 Eduard-Schopf-Allee, tgl. ab 12, open end (Küche So–Do 12–23, Fr/Sa 12–24 Uhr)

Rau, aber herzlich
Eisen ☼ Karte 3, G 6
Seit 1992 hat es Bestand und ist eine Institution im ›Viertel‹, kurz hinter der berühmt-berüchtigten Sielwall-Kreuzung gelegen, Fernando Guerreros eher dunkles Eisen. Ein bisschen Subkultur, ein bisschen Kunst- und Musikszene, ›Viertel‹people eben, gern auch über 30. Ab und an Konzerte, Mottopartys und, ganz wichtig, Fußball: FC St. Pauli, Werder Bremen …
Sielwall 9, www.facebook.com/eisen.bremen, Tram 2, 3, 10 Sielwall, tgl. ab 17, bei Fußballbundesliga etc. 30–60 Min. vor Anpfiff

Sehen und gesehen werden
Engel WeinCafé ☼ Karte 3, F 6
Stilvoll im wunderschönen alten Raum – über der Eingangstür findet sich noch der alte Schriftzug Engelapotheke – trifft sich die schickere ›Viertel‹szene. Tags bei Kaffee – pardon, bei Café, Cappuccino oder Latte –, abends bei einem guten Glas Wein …, um Freunde zu treffen, zu reden, zu diskutieren. A place to be (seen). Flammkuchen, Käse, Wurst und wechselnde Gerichte gibt es auch.
Ostertorsteinweg 31/33, T 0421 69 64 23 90, www.engelweincafe-bremen.de, Tram 2, 3 Wulwesstraße, Di–Sa 10–24, So 10–17 Uhr

Kneipe, Küche, Kultur
Kuß Rosa ☼ E 7
Viertelkneipe in der Neustadt mit zusammengewürfeltem Mobiliar aus 80 Jahren, die Kegelbahn ist umgewandelt zum Ausstellungs- und Veranstaltungsraum – mit Sommergarten. Hier gibt's auch Billard und Kicker, vor allem aber immer wieder kleine Kulturevents von Lesung bis Livemusik. Kleinigkeiten zu essen: selbstverständlich überwiegend aus biologisch-ökologisch produzierten Zutaten, bevorzugt aus regionalem Anbau, immer ist auch ein vegetarisches und veganes Tagesgericht im Angebot. Auch bei den Getränken wird auf bio und regional geachtet.
Buntentorsteinweg 143 (neben dem Schnürschuh-Theater), T 0421 548 76 02, www.kuss-rosa.de, Tram 4 Schwankhalle, Di–Sa ab 18 Uhr

Cocktails am Wall
Lemon Garden ☼ Karte 2, F 5
Barkultur vom Feinsten – und dabei locker – an neuem Standort. Mario Ippen hat den Barbetrieb in diesen großzügigen Raum mit Außenterrasse verlegt. Mit Barmanagerin Victoria May kommt eine neue Cocktailhandschrift dazu, gerne saisonal, gerne regional und einfach mal der etwas andere Klassiker. Am alten Standort (Am Wall 164) finden weiterhin – sehr begehrte und schnell ausgebuchte – Mixkurse statt.
Am Wall 177, T 0421 57 70 53 64, www.lemon lounge.de, Tram 4, 6, 8 Herdentor, ab 18 Jahre, Di–Sa ab 18 Uhr

Livemusik muss nicht immer in einer Kneipe spielen.

Noch mehr Cocktails
Blauer Fasan ⚙ Karte 2, E 6
Goldene Käfige hängen von der blauen Decke herab: Willkommen im Blauen Fasan am neuen Standort. Ein bunt gemischtes Publikum – Stammgäste, neue Bremer Gäste, junge Pärchen, genauso wie Geschäftsleute – und auch mal Bremenbesucher/innen, die die Bar beim Bummel durch die Böttcherstraße entdecken. Innovative und klassische Cocktails, chillige Atmo und Musik. Auch Kurse. Übrigens gibt es im Viertel eine Schwesterbar, Perlen und Primaten (Ostertorsteinweg 83).
Böttcherstr. 3–5, www.blauerfasan.de, Tram 2, 3, 4, 6, 8 Domsheide, Bus 25 Martinistraße, Di–Sa ab 19 Uhr

Wein, Kunst und Musik, alternativ
Paradiso Weinbar ⚙ G 6
Gemütliche Weinkneipe mit überwiegend europäischen Weinen, auch Brände vom Fass (und Flaschenbier). Hier finden regelmäßig kleine Kunstausstellungen statt, ab und an Konzerte.

Vor dem Steintor 196, Viertel, T 0421 794 09 56, www.facebook.com/WeinbarParadisoKunst MusikBremen, Tram 2, 3, 10 St.-Jürgen-Straße, tgl. ab 18 Uhr

Blick aufs muntere Treiben
Ziege ⚙ Karte 3, G 6
Just gegenüber der sündigen Meile Helenenstraße, die nur betreten sollte, wer eindeutige Absichten hat, erwartet die Ziege ihre Gäste. Hineinlugen ins Sträßchen kann man durch das große Fenster vom ersten Stock der Ziege aus. Interessanter ist m. E. der Blick rauf bis zum Sielwall. Tiefgrüne Wände, Spiegel in Goldrahmen, historische Viertelfotos schaffen Atmosphäre. Klönen, chillen, etwas trinken – und wer tags oder abends Hunger hat, dem wird hier auch geholfen.
Vor dem Steintor 56, Viertel, www.cafe-ziege. de, Tram 2, 3, 10 Sielwall, tgl. ab 11, Küche bis 22 Uhr

Chillen (fast) unter der Brücke
Papp ⚙ Karte 2, E 6
Das Tor zur Neustadt, sozusagen. Direkt jenseits der Weser gibt es im Papp leckere Cocktails,leckeres Bier, prima Kaffee, mal Konzerte, mal Musik vom DJ. Man kann drinnen und draußen sitzen (und tanzen). Die junge Neustädter Szene freut's.
Friedrich-Ebert-Str. 1, www.pappusdorf.de, Tram 4, 6, 8 Wilhelm-Kaisen-Brücke, Mo–Sa ab 12, So 12–19 Uhr

Nicht nur für Studierende
Gondi Kulturkneipe ⚙ D 6
Gemütlich, locker und immer wieder Veranstaltungen wie Gigs lokaler Bands in Kooperation mit der Musikhochschule, aber auch andere Musikevents, Quizabende, Lesungen etc. Obacht: Wenn Werder Bremen spielt: Dann glüht die Leinwand am Rand des Flüsseviertels.
Langemarckstr. 249, Tram 1, 8 Pappelstraße, Mo–Sa ab 19 Uhr

LIVEMUSIK

Pop, Folk, Indie, Alternative
Gastfeld ⚙ D 7
Livemusik gibt es ab und an (s. Website), aber das Gastfeld lohnt auch ohne einen

Besuch. Immerhin ist es das älteste Wirtshaus (seit 1911) in der Neustadt – daran erinnert das alte Tresenregal. Und: In der Neustadt entwickelt sich das ›neue Viertel‹, woran das Gastfeld Anteil hat: als Viertelkneipe (nebst quizzen und kickern). Neben Live-Music-Acts gibt es hier auch Lesungen und Ausstellungen.

Turmhaus, Gastfeldstr. 67, Neustadt, www.facebook.com/Gastfeld, Tram 6 Gastfeldstraße, Bus 26, 27 Meyerstraße, tgl. ab 18 Uhr

Jazz im Viertel
Chameleon Jazz Bar ☼ G 6
Christian ›Barfly‹ Zurwellen betreibt im Viertel seine Jazzbar., Musik vom Teller, aber auch Konzerte (Beginn 20 Uhr) und einmal im Monat eine Jamsession mit dem Jazzposaunisten Ed Kröger.

Humboldtstr. 156, auf Facebook, Tram 2, 3, 10 St.-Jürgen-Straße, dann 5 Min. zu Fuß, tgl. ab 16 Uhr bis in die Nacht, Eintritt frei

Nicht nur Irish Folk
Hegarty's ☼ Karte 3, F 6
Das Hegarty's versteht sich als typisch irischer Pub mit allem, was dazu gehört. Urig-gemütlich, irische Biere, über 30 Whiskeysorten, Sport auf drei Leinwänden (!) und Fr/Sa Livemusik von Folk über Rock bis Reggae. Wer

ein bisschen Irlandfeeling möchte, hier klappt's. Klar gibt es auch Fingerfood, Salat, Burger, Shepherd's Pie und Fish and Chips.

Ostertorsteinweg 80, T 0421 70 12 97, www.hegartys.de, Tram 2, 3 Wulwesstraße, tgl. ab 17 Uhr

Blues und Rock 'n' Roll
Meisenfrei ☼ Karte 2, E 5
Hier spürt man den Blues. Das Meisenfrei ist eine echte Blues-(Rock'n-Roll-)Kneipe. Im angeschlossenen Meisenfrei Club treten bekannte und neue Bands auf. Zum Wochenende wird es hier laut und voll. Blues- (und Rock'n-Roll-)Fans kommen voll auf ihre Kosten.

Hankenstr. 18a, www.meisenfrei.de, Tram 1, 2, 3 Am Brill, Kneipe tgl. ab 15, Blues Club Mi–Sa ab 19 Uhr, Konzertbeginn meist 20/21 Uhr

....

TANZEN
....

Rock in allen Facetten und Konzerte
Aladin & Tivoli ☼ außerhalb J 6/7
Das Aladin ist gibt es zwar schon seit Urzeiten, doch beliebt ist diese Großdisco und -spielstätte für Livekonzerte wie eh und je. Hier geht es primär um Rockmusik in all ihren Schattierungen. Sich etwas zurückziehen und einen Cocktail trinken

---

KINOS

Großkinos
Zentral liegt das **Cinemaxx** (☼ Karte 2, E 4, www.cinemaxx.de) neben dem Übersemuseum. Hier werden auch 3-D-Filme (IMAX) sowie Übertragungen aus dem National Theatre London gezeigt. Das **Cinespace** (☼ A 1, www.cineplex.de/bremen) am Rand der Überseestadt bietet u. a. den größten Kinosaal der Stadt, 3-D-Filme sowie Live-Opernübertragungen. Drittes im Bunde ist der **Cinestar Kristall-Palast** (☼ Karte 5, www.cinestar.de). Ebenfalls 3-D-Filme.
Programmkinos
Die drei Kinos **Atlantis** (☼ Karte 2, E 6), **Gondel** (☼ J 4) und **Schau-**

burg (☼ Karte 3 G 6) firmieren als die Bremer Filmkunsttheater. Informationen zu den aktuellen Programmen dieser Lichtspielhäuser finden sich auf der gemeinsamen Website: www.bremerfilmkunsttheater.de. Wieder unabhängig arbeitet das seit 1934 bestehende **Cinema im Ostertor** (☼ Karte 3, F/G 6; https://cinema-ostertor.de), übrigens seit 1969 das erste Programmkino in Deutschland überhaupt.
Das kommunale Kino **City 46** zeigt sein meist sehr anspruchsvolles Programm inzwischen in der Birkenstraße 1 (☼ Karte 2, F 5, www.city46.de).

Wenn die Nacht beginnt

können Sie im ›Garten‹, dem Gastro-
bereich mit Lounge. Wer hier an draußen
und an die Farbe Grün denkt, weit
gefehlt. Angeschlossen ist das Tivoli.

Hannoversche Str. 9–11, www.aladin-bremen.
de, Tram 10 Sebaldsbrücker Bhf, durch den
Eisenbahntunnel und 10 Min. zu Fuß, Fr/
Sa meist 21/22 Uhr, teils auch an anderen
Wochentagen, Öffnung/Eintritt je nach Event

Konzerte zum Tanzen
Tower Musikclub ☼ Karte 2, F 5
Der Tower hat sich gewandelt, vorbei
die Zeiten des Studentendienstags.
Heute versteht er sich mehr denn je als
Musikclub und präsentiert Bands von
Indierock über Gothic Rock bis Trance-
oder Metalcore.

Herdentorsteinweg 7a, www.towermusikclub.de,
Hbf, Tram 4, 6, 8 Herdentor, Konzerte s. Website

Einlass erst ab 21
La Viva ☼ Karte 2, F 5
Unter Kronleuchtern und gewaltigen Dis-
cokugeln wird zu Dance Classics, Electro,
House oder Black, R'n'B abgetanzt. Frei-
tags ist Campus-, samstags Clubnacht.

Auf der Brake 7–21/Ecke Rembertiring, www.
laviva-disco.de, Haltestelle Hbf, Fr/Sa ab 23 Uhr,
Fr bis 1 Uhr freier Eintritt für Studierende, Sa
Clubnacht 10 €

Kellerclub-Disco mit Geschichte
Lila Eule ☼ Karte 3, F 6
In den 1960er-Jahren war die Lila Eule
nicht nur ein Jazzlokal, hier politisierte

KULTUR IN BREMEN – THEATER, OPER, TANZ, KONZERTE

Theater, Oper, Tanz
Bremens Kulturszene ist bunt. Städ-
tischerseits ist das **Theater Bremen**
zu nennen, ein Vier-Sparten-Haus
mit Oper, Schauspiel, Tanz und moks
(junges Theater für junge Leute und
Kinder), das sich durch herausragende
Inszenierungen und berühmte Namen
einen guten Ruf erworben hat, den es
unter dem Diktat der Sparzwänge zu
bewahren gilt.
Darüber hinaus gibt es eine **freie
Theaterszene** mit unterschiedlichsten
Akzentsetzungen, vom jungen Apollon
Theater über das Schnürschuh-Theater,
den (Ein-Mann-)Literaturkeller bis zur
Bremer Shakespeare Company. Dazu
gesellen sich Boulevard-, Kriminal-,
Varieté- und Figurentheater.

Events, Festivals, Konzerte
Spannend sind aber auch die
Veranstaltungen der Kulturzentren
Schlachthof und **Lagerhaus.**
Zusätzliches Leben in den Kulturalltag
bringen diverse Festivals, darunter die
jazzahead! (4 Tage April, Jazzmesse
und Jazzfestival; www.jazzahead.
de), **Poetry on the Road** (3–5 Tage
Mai oder Juni, Literaturfestival; www.

poetry-on-the-road.com), **La Strada**
(4 Tage im Juni, Straßenkunstfestival;
www.lastrada-bremen.de), die **Breminale** (5 Tage im Juli, Kulturfestival;
https://breminale-festival.de), das
Wochenende **Sommer in Lesmona**
(Sommerwochenende mit klassischer
Musik und mehr, am Samstagabend ist
längst Kult geworden: die Freilicht-
kinovorführung des Films »Sommer in
Lesmona«, basierend auf den Briefen
der Bremer Kaufmannstochter Marga
Berck/Magdalene Pauli; www.kammer
philharmonie.com) und das **Musikfest
Bremen** (3 Wochen ab Mitte/Ende
Aug.; www.musikfest-bremen.de)

Infos im Web
Auf der Website **www.bremen.de/
theater** findet sich eine Übersicht
über die meisten Theater in der Stadt,
www.mix-online.de listet das Gros
der Tag für Tag in Bremen stattfinden-
den Veranstaltungen – von Theater,
über Ausstellungen, Konzerte bis Kino.
Die Website des Magazins Bremer –
die Stadtillustrierte, **www.bremer.
de,** liefert Hintergrundinfos, verweist
aber bzgl. Details auf die Printversion
bzw. man muss einen Account haben

Nur für Freunde – Partystimmung in der House- und Electro-Location nff club

auch die linke Szene. Heute ist das Musikspektrum breit gefächert, mal Jazz und Soul, mal Funk, Indie oder Hip-Hop. Die Website verrät, was hier gerade so los ist, was der Eintritt kostet und welche Bands live auftreten.
Bernhardstr. 10, www.lilaeule.de, Tram 2, 3, 10 Sielwall, meist Do–Sa

Kult in der Neustadt
Modernes ☼ Karte 2, D 6
Das Modernes hat sich einen Namen gemacht, als Disco (verschiedene Motti) und als Veranstaltungsort für Live Acts, Theater, Comedy etc. Motti, Events, Ticketpreise (variieren je nach Veranstaltung) und Playlists finden sich auf der Website. An den Wochenenden ist der Laden wegen der Partys und Disco-Veranstaltungen ein beliebter Treff, oft sehr voll.
Neustadtswall 28, www.modernes.de, Tram 1, 8 Hochschule Bremen, Fr/Sa Disco bzw. Party ab 23 Uhr, Konzerte, Comedy etc. s. Website

House und Electro
nff club ☼ Karte 2, E 5
Schon seit einigen Jahren eine der angesagtesten Locations in Bremen, nicht ganz preiswert. Resident-DJs legen ebenso auf wie immer wieder Spitzen-DJs aus anderen Städten. Electro und House vom Feinsten wird hier geboten. Raucherlounge mit Blick aufs Discotreiben (manchmal legt hier zusätzlich ein DJ auf). Animierte Atmosphäre.
Katharinenstr. 12–14, www.nffclub.de, Tram 4, 6, 8 Schüsselkorb, Fr/Sa ab 23 Uhr, teils Zusatztage, Eintritt je nach Event

Kleiner Kultclub
Römer ☼ Karte 3, G 6
Seit ewig beliebter kleiner Club, in dem es mit neuem Betreiber weitergeht. Inzwischen auch Eventlocation.
Fehrfeld 31, www.roemer-bremen.de, Tram 2, 3, 10 Sielwall, meist Fr/Sa ab 23 Uhr

Nicht nur für Youngster
Shagall ☼ Karte 2, F 5
Das Musikspektrum ist breit: Von Rock über Metal, Techno bis Alternative, Pop- und Dancemusik gibt's das eine oder andere auf die Ohren. Es kann aber auch mal ne Salsa-Nacht sein. Für Leute von Anfang 20 bis in die 40er.
Rembertiring 4, www.shagall.de, Haltestelle Hbf, ab 21 Jahre, Fr/Sa, vor Fei ab 22 Uhr, Eintritt

Hin & weg

Bremen ist die Stadt der kurzen Wege, so liegt selbst der Flughafen lediglich 4 km vom Stadtzentrum entfernt.

Bremen Airport Hans Koschnick: Karte 5, Flughafenallee, Arsten, T 0421 55 95-0 (Flughafenauskunft), www.bremen-airport.com

Mit der Tram in die Stadt: Die Straßenbahnlinie 6 verläuft vom Flughafen quer durch die Innenstadt bis zur Universität. Fahrtzeit in die Innenstadt 10 Min., zum Hauptbahnhof ca. 20 Min., zur Uni ca. 25 Min.

Mit dem Taxi in die Stadt: Fahrtzeit je nach Verkehrsaufkommen wie Tram oder länger. In die Innenstadt (Marktplatz) zahlen Sie ca. 15 €, zur Uni ca. 35 €.

Hauptbahnhof Bremen: F 4/5 Am Nordausgang (auch rechts vor dem Süd-(Innenstadt-)ausgang warten Taxis. Congress Centrum, Messe Bremen und ÖVB Arena liegen in Sichtweite des Nordausgangs, vom Südausgang ist die Innenstadt nur 1 km entfernt. Am Bahnhofsvorplatz (Südausgang) fahren alle Straßenbahnen ab, der **ZOB** (Fernbuslinien) ist in Bau (rechter Hand, hinter dem Überseemuseum, zzt. Busse ab Breitenweg).

Websites: Vielfältige Infos bieten www.bremen.de, www.bremerhaven.de und www.bremen-tourismus.de.

Bremer Touristik-Zentrale (BTZ): Findorffstr. 105, 28215 Bremen, Hotline: T 0421 308 00 10, www.bremen-tourism.de. Kein Publikumsverkehr.

Tourist-Informationen
… im Hauptbahnhof: Karte 2, F 5 Mo–Fr 9–15.30, Sa 9.30–15.30 Uhr.
…in der Innenstadt: Karte 2, E 6 Böttcherstr. 4 (Haus des Glockenspiels) Mo–Fr 9.30–18.30, Sa 9.30–17, So, Fei 10–16 Uhr.

BremenCARD
Die Karten inkludieren die kostenlose Nutzung von Bus und Straßenbahn in Bremen und Bremen-Nord, die Fahrt mit der Sielwall-Fähre sowie unterschiedliche Ermäßigungen bei Veranstaltungs- und Eintrittstickets; z. B. 20 % auf die tägliche Stadtführung oder auf die Rathausführung von Bremen Tourismus, aber auch auf Weser- und Hafenrundfahrten oder den Stadtmusikanten-Express; Ermäßigung auf Museumstickets, auf Besichtigungen von Manufakturen und vieles mehr. Die Bremen Card ist telefonisch, online oder in den Touristinfos vor Ort (s. links, BTZ) erhältlich, teils auch in Hotels. BremenCARD für 1 Erw., 2 Kinder bis 14 Jahre: 1-Tageskarte 10,50 €, 2-Tageskarte 15,50 €, 3-Tageskarte 22,50 €, 4-Tageskarte 31 €. BremenCARD für 2 Erw. + 2 Kinder bis 14 Jahre: 12,90/19,50/29,50/39 €.

www.bremen.de/barrierefrei: Infos zur Zugänglichkeit von Sights, Hotels, Lokalen und Zugang zur umfangreichen Datenbank Stadtführer Barrierefreies Bremen; Karten/Infoblätter für einen barrierefreien Altstadt- und Stephaniviertel-Rundweg sowie den Neustadtrundweg. Auch Infos zu Ausflügen, z. B. nach Bremerhaven oder Worpswede.

In Bremen wie in allen Städten heißt es: Achtung Taschendiebe. Das gilt insbesondere für Hauptbahnhof, Innenstadt, Ostertor/Steintor und bei Großveranstaltungen wie Frei- oder Weihnachtsmarkt. Auch sollten Sie im Dunkeln die Parks meiden. Leider hat die Belästigung, u. a. durch Antanz-Diebstähle, vor allem im Bereich Ostertor/Steintor (Sielwallkreuzung, Fehrfeld) wieder zugenommen. Auch im Bereich Hauptbahnhof/Discomeile Rembertiring kommt es immer wieder zu Zwischenfällen.

Notrufnummern
Polizei: 110
Notarzt/Feuerwehr: 112
Sperrnummern: Zentrale Notrufnummer zum Sperren von Bankkarten, Kreditkarten, Kundenkarten und Handykarten T 11 61 16.

UMWELTFREUNDLICH UNTERWEGS

Straßenbahn und Bus
Die BSAG (Bremer Straßenbahn AG, Kundentel. 0421 59 60 59, www.bsag. de) erschließt das Stadtgebiet und im Verkehrsverbund VBN das Umland mit Bus und Straßenbahn; auch Nachtbusse. **Fahrscheinkauf:** am Automaten im Verkehrsmittel oder an der Haltestelle, im Bus teils beim Fahrer (Einzeltickets sind automatisch entwertet) oder bei den Verkaufsstellen der BSAG (Hauptbahnhof, 𝄢 Karte 2, F 4/5, Mo–Fr 7–20, Sa 9–18, So 9–17 Uhr, Domsheide, 𝄢 Karte 2, E 6, Mo–Fr 7–19, Sa 10–18 Uhr) erhältlich. Kurzstrecke (Einstiegsstopp + 3) 1,50 €, Preiszone I 2,85 € (Kinder 1,45 €), Tagesticket Preiszone I (je Ticket 1 Erw., 3 Kinder 5–14 Jahre) 8 € (es gibt Tickets für bis zu 5 Erw.), 7-Tage-Ticket Preiszone I 23,80 €. Auch 4er-Tickets sind erhältlich. Fahrradmitnahme 2 € (Tagesticket).

Schiffe im Linienverkehr
Die **Reederei Hal över** (Büro: Schlachte 2, T 0421 33 89 89, www.hal-oever. de, Büro: Mo–Fr 10–16, Nov.–März bis 15 Uhr) bedient die Strecke **Bremen–Bremerhaven** im Linienverkehr ab Bremen-Martinianleger (𝄢 Karte 2, E 6, Tickets dort). Ab Martinianleger Mai–Sept. Mi/Do, Sa 8.30 Uhr, zurück ab Bremerhaven Seebäderkaje 15.15 Uhr. Bis Bremerhaven 23 € (hin/zurück 35 €), Kinder (4–14 Jahre) die Hälfte. Fahrradmitnahme je Strecke 4 €.

Auch **Teilstrecken** sind buchbar, die möglichen Aus- und Zustiegsmöglichkeiten sind: Pier 2/Waterfront, Bremen-Vegesack/Signalstation, Bremen-Blumenthal, Bremen-Farge, Brake, Nordenham.
Bei Werder-Bremen-Heimspielen bietet Hal över **Transferfahrten zum/ab Weserstadion** ab Farge, Blumenthal, Vegesack (𝄢 Karte 4), Lankenauer Höft, Waterfront/Pier 2 (𝄢 A 1) oder Martinianleger zum Stadion. Reservierungspflicht (außer ab Martinianleger)! Abfahrtszeiten, Buchung, Preise s. Website.
Die **Sielwallfähre** (𝄢 F 6/7) der Reederei verkehrt März–Okt. Mo–Fr ab 7, Sa/So, Fei ab 9 Uhr zwischen Sielwall/Osterdeich und Weserinsel/Café Sand bis Schließung Café Sand, mind. bis 19 Uhr, höchstens bis 22 Uhr (einfach/+ Rad 1,80/2,20 €, 6–18 Jahre 0,90/1 €). Im Winter abweichend, aber bei Heimspielen im Weserstadion als Park & Ship (Parkplatz beim Kuhhirten auf der Weserinsel). Die **Weserfähre Pusdorp** derselben Reederei pendelt April–3. Okt. Fr 16–22, Sa 12–22, So, Fei 10–20 Uhr alle 30 Min.: (𝄢 A 1/2, Pier 2/Waterfront-Molenturm/Überseestadt–Lankenauer Höft. Ideal für Radfahrer und Spaziergänger (einfach/+ Rad 1,80/2,20 €, 6–18 Jahre / + Rad/0,90/1,20 €, hin/rück 2,90/3,20 €, 1,20/1,40 €.

Radfahren
WK-Bike: T 0421 36 71 36 71, www. wk-bike.de. In Kooperation mit Nextbike bietet die Bremer Tageszeitung Weser-Kurier Leihfahrräder (30 Min./1 €, 24 Std./9 €) an. Sie laden sich die App aufs Smartphone, registrieren sich und geben eine Zahlungsweise ein. Eine Karte zeigt die Standorte der Räder an. Wer ein Rad ausleihen möchte, kann sich auch auf der Website der **Bremer Touristik-Zentrale** (▶ S. 110) informieren, die Buchungsoptionen anbietet, etwa bei **Sebastian Fahrrad** (𝄢 Karte 2, F 5, Fedelhören 88, www. sebastianfahrrad.de, Mo–Fr 11–19, Sa 11–15 Uhr).
123 Rad: 𝄢 F 7, Buntentorsteinweg 270, T 0421 578 65 81, www.1-2-

FAHRRAD

In Bremen wird viel Fahrrad gefahren, es gibt Straßen, auf denen Räder Vorrang vor Autos haben, in der alten Neustadt wurde ein Fahrradmodellquartier eingerichtet, ein solches ist auch im sozio-ökologischen Stiftungsdorf Ellener Hof (in Bremen-Osterholz) entstanden.

Ein kostenloses Fahrradnavi, **Bike-CitizensApp,** steht auf www.bremen.de/leben-in-bremen/fahrradstadt/bike-citizens-app zum Download bereit (auch Tourvorschläge). Auf www.bremen.de/leben-in-bremen/fahrradstadt-bremen/bremen-radelnd-kennenlernen lässt sich bereits ein guter Überblick über tolle Touren in und um Bremen gewinnen. Gedruckte Tourkarten/-beschreibungen sind u. a. in der Tourist-Info erhältlich. Schön sind z. B. Touren an der Weser oder ins Blockland (▶ S. 65).

3rad.de, Mo/Di, Do/Fr 10–18, Mi, Sa 10–13 Uhr, Kinderräder ab 9 €/24 Std., kautionsfrei, Erwachsenenräder ab 12 €, ab 30 € Kaution, Personalausweis. Leider wurde die Radstation des ADFC mit Verleih und Reparturservice am Hauptbahnhof geschlossen. Die BREPARK betreibt diverse **Fahrradparkhäuser** in der Stadt, u. a. ein Parkhaus an der Bahnhof Südseite.

Taxis
In der Innenstadt gibt es diverse Taxistandplätze. Tarif (Stand Juni 2022, ab 1. Sept. 2022 Preissteigerung) Grundpreis 3,90 €, Kilometer 1–10 2,20 €/km, ab 11. Kilometer 1,70 €/km, Wartezeit 30 €/Std. **Frauen-Nacht-Taxis** (18–6 Uhr, nur auf tel. Bestellung bei Taxi-Roland und Taxi-Ruf Bremen, bis zu 20 % günstiger).
Taxi-Roland: T 0421 144 31
Taxi-Ruf Bremen: T 0421 140 14
Autoruf Bremen-Nord: T 0421 65 00 05

STADTFÜHRUNGEN

Bremer Touristik-Zentrale (BTZ):
▶ S. 110. Die **Busrundfahrten** der BTZ starten am Hauptbahnhof, Steig L der Linienbusse bzw. an der Domsheide, Steig H vor der Glocke: ab Hbf (🗺 Karte 2, F 5, tgl. 11 Uhr, Fahrtende vor Glocke), ab Domsheide (🗺 Karte 2, E 6, Tram 2, 3, 4, 6, 8, tgl. 12.30 Uhr, Dauer 80–90 Min., Erwachsene 19,50 €/6–17 Jahre in Begleitung eines Erw. 12,50 €, Familienkarte 2 Erw./3 Kinder 39 €). Vor dem Schütting am Marktplatz (🗺 Karte 2, E 5, Tram 2, 3, 4, 6, 8 Domsheide, 2, 3 Obernstraße) startet April–Okt. und während des Weihnachtsmarkts mehrmals tgl. (10.30–ca. 16.30 Uhr) der elektrische **Stadtmusikanten-Express** (Innenstadt, Dauer 45 Min., 10 €/4–14 Jahre 6 €; Familienkarte 2 Erw. / 3 Kinder bis 14 Jahre, 28 €); auch die Fahrt durch die Überseestadt beginnt hier April–Okt. tgl. 13.30 Uhr, Dauer 75 Min., 14 € / 6 € / 35 €).
Stadttouren per Segway:
Crazy Quad (www.crazy-quad.de) bietet ca. 2- bzw. 3-stündige (69 € / 89 €)Stadtführungen per Segway an. Start ist am Parkplatz vor dem Bahnhof Neustadt (🗺 D 5; Am Neustadtsbahnhof 5–7, Tram 1, 8 Westerstraße, Hochschule Bremen). Mindestalter 15 Jahre und mindestens Mofa-Führerschein. Einweisung vorab gehört dazu.
Die Bremer Touristik-Zentrale (BTZ): ▶ S. 110. Die BTZ bietet auch ca. zweistündige **Stadtrundgänge** durch die Bremer Innenstadt an. Start: Tourist-Info Haus des Glockenspiels, Böttcherstr. 4 (🗺 Karte 2, E 6, Tram 2, 3 Obernstraße, Tram 2, 3, 4, 6, 8 Domsheide), wo auch die Karten erhältlich sind (Jan.–April Mo–Fr, So 14, Sa 11, 14, Mai–Dez. Mo–Mi, So 14, Sa 11, 14 Uhr, 9 €, bis 12 Jahre in Begleitung Erw. frei). Auch Themenführungen wie »Über den Dächern von Bremen«, »Bremer Unterwelten«, »Raumfahrtführung«, »Rathausführung« und Führungen in Kooperation mit privaten Stadtführungsagenturen oder mit Firmen/Manufak-

turen finden sich auf der Website der Bremer Touristik-Zentrale.

Art.tours-Bremen: Meyerstr. 45–47, T 0421 79 01 19 05, www.arttours-bremen.de bietet Gruppen vielfältige Spaziergänge durch Bremen an, auch ›offene‹ Führungen (Termine s. Website) ohne Voranmeldung: 1,5–2 Std., 8 €, Themenführungen s. Website.

Bremen Lotsen: T 0421 40 89 95 05, www.bremen-lotsen.de. Klassische und besondere Touren; s. Website.

StattReisen Bremen e.V.: Rembertistr. 99, T 0421 430 56 56, www.stattreisen-bremen.de. Auch hier gibt es die etwas anderen Stadtführungen, z. B. durch die Bremer Unterwelten, Führungen durch Bremer Stadtteile, Radtouren etc., viele auch als offene Führungen. Infos und Anmeldung auf der Website.

Phil Porter: Der Autor, Fotograf und … (► S. 101) bietet immer wieder Stadtführungen der etwas anderen Art an. Auf seiner Website https://phil-porter.de (nur dort sind Buchungen möglich) heißt es: »Phil Porter lädt ein zu einer Stadtführung irgendwo zwischen Begierden und Beobachtungen, wenn unter den Giebeln der Altstadt Geschichten zum Glitzern gebracht werden: Es war einmal … oder etwa nicht?«

WESER- UND HAFENRUNDFAHRTEN

Schiffsrundfahrten in Bremen
Weser- und Hafenrundfahrt: Die Reederei Hal över (► S. 111) bietet u. a. eine Weser- und Hafenrundfahrt (75–85 Min.) an: Martinianleger (◫ Karte 2, E 6), März Sa/So, Fei 11.45, 13.30, 15.15, April–Juni, Sept./Okt. tgl. 11.45, 13.30, 15.15, Juli/Aug. Mo–Fr 11.45, 13.30, 15.15, Sa/So auch 10.15, Uhr, 16,50 €, 4–14 Jahre 11,50 €, Familienkarte (Eltern und eigene Kinder bis 18 Jahre) 35 €. Hal över bietet an einigen Terminen auch eine Rundfahrt durch den Bremer Industriehafen an, ein Bereich der normalerweise nicht öffentlich zugänglich ist. Dauer 2,5–3 Std. Preise wie oben, Infos/Termine/Buchung s. Website.

Torfkahnfahrt
Ein Erlebnis ist eine Torfkahnfahrt, z. B. mit **Torfkähne Bremen** (Infos/Buchung: ◫ F 3, Neukirchstr. 1, Findorff, T 042137 87 75-86, www.torfkaehne-bremen.de, Mo–Fr 9.30–16.30 Uhr. Die Fahrten starten am Torfhafen Findorff (◫ F 3/4; Bus 26, 27 Findorffallee/Torfhafen). Im Jahr 2022 gab es keine für Einzelpersonen buchbaren Fahrten. Ob sie in 2023 wieder angeboten werden, stand bei Redaktionsschluss leider noch nicht fest. Gruppen bis 16 Personen können aber weiterhin einen kompletten Kahn für eine Tour chartern. Checken Sie einfach die Website.

Hafenrundfahrten in Bremerhaven
Hafenbus: Reservierung via Tourist-Info Bhv, ► S. 71! Ab Schaufenster Fischereihafen, Herwigstraße (zwischen Nordsee Hotel Fischereihafen und Parkplatz), Zustieg Deutsches Schifffahrtsmuseum, Hans-Scharoun-Platz/Wendehammer 15 Min. später, April–Okt. Mo–Fr 14, 16.30, Sa/So. Fei 11, 14, 16.30 Uhr, sonst tgl. 14 Uhr, 2 Std., 14 €/4–17 Jahre 11,50 €, jedes weitere Kind 5,50 €, Familien (2 Erw. / 2 Kinder) 35,50 €, Familien (1 Erw. / 1 Kind) 23,50 €.

Reederei HaRufa: H.-H. Meier-Str. 4, T 0471 41 58 50, www.hafenrundfahrt-bremerhaven.de, ab Neuer Hafen, Südkaje März, Nov. tgl. 12, 13.30, 15, April–Okt. ab 10.30 alle 45 Min. bis 16.30 Uhr, 1 Std., 13 €, 4–17 Jahre 7 €, bis 3 Jahre frei.

Reederei Hal över: ► S. 111. Hafenrundfahrt ab Seebäderkaje zum Containerterminal und zu den Seehundbänken (90 Min.), Termine je nach Oceana-Fahrplan (s. Website), Abfahrt Seebäderkaje 13 Uhr 16,50 €, Kinder 11,50 €

Fischereihafen-Rundfahrt, Bremerhaven: Die Reederei Grotstück (T 0471 929 20 95) bietet ab Schaufenster Fischereihafen eine ca. einstündige Rundfahrt mit der Barkasse **MS Dorsch** durch den Fischereihafen an, mindestens 10 Erwachsene müssen allerdings teilnehmen (Mitte Mai–Okt. tgl. 10, 12, 14, 16 Uhr, 11 €, 4–16 Jahre 6 €).

O-Ton Bremen

TACH AUCH

Tag auch
hallo, guten Tag

bischa nich kluch

DAT DAT DAT GIFFT

bist ja nicht klug
*du bist ja dumm/blöd, auch:
gibt's ja wohl nicht*

moin

das das das gibt
Ist es denn die Möglichkeit?

morgen
*hallo, guten
Tag*

**nu wer'n Se doch nich gleich
fünsch**

bannig

nun werden Sie doch nicht gleich fünsch
*nun seien sie doch nicht gleich sauer
(wenn es mal etwas hitziger zugeht)*

sehr, gewaltig

Bremen und umzu

Bremen und drum
herum
Bremen und Umgebung

Ich geh nach Tanne Meier

DA NICH FÜR

Ich gehe zu Tante Meier
*Ich gehe aufs Klo (hört man zugegebenermaßen
fast nie)*

Da nicht für
Dafür nicht – keine Ursache

lütsch

das war'n netten Klönschnack

klein

Das war ein netter Klönschnack
Das war ein nettes Gespräch

Register

Register

Das Klima im Blick

Reisen bereichert und verbindet Menschen und Kulturen. Wer reist, erzeugt auch CO_2. Der Flugverkehr trägt mit bis zu 10 % zur globalen Erwärmung bei. Wer das Klima schützen will, sollte sich – wenn möglich – für eine schonendere Reiseform entscheiden oder die Projekte von atmosfair unterstützen. Flugpassagiere spenden einen kilometerabhängigen Beitrag für die von ihnen verursachten Emissionen und finanzieren damit Projekte in Entwicklungsländern, die dort den Ausstoß von Klimagasen verringern helfen (www.atmosfair.de). Auch die Mitarbeiter des DuMont Reiseverlags fliegen mit atmosfair!

Abbildungsnachweis

Britta Rath, Wilstedt: S. 45, 48, 53, 58, 61, 67, 86

DuMont Bildarchiv, Ostfildern: S. 75 (Michael Marczok); 64 (Toma Babovic)

Glow Images, München: S. 77 (imagebroker); 120/4 (imagebroker/Bmsch)

Cats on Stage, Bremen: S. 102

Huber-Images, Garmisch-Partenkirchen: S. 16/17 (Maurizio Rellini); 74 (Sabine
Lubenow)

iStock.com, Calgary (CA): S. 22 o. (IMAGINARIUS)

laif, Köln: S. 120/3 (Archivio GBB/Contrasto); 120/9 (Chip Hires); 70 (Tobias Gerber);
24, 36 u., 94 (Gonzalo Azumendi); 120/2 (Martin Lengemann); 120/7 (Oliver
Tjaden); 120/5 (Polaris/Hermann Bredehorst); 100 (Thomas Kost); 14/15, 26, 49,
51, 52, 65, 81, 85, 90, 120/8 (Toma Babovic)

lookphotos, München: Titelbild, Faltplan (Heinz Wohner); 36 o. (Jalag/Gerald Hänel);
93, 104 (Travel Collection)

MATO, Hamburg: S. 8/9 (Christian Bäck); 12/13, 72, 78/79 (Gabriele Croppi); 62, 69
(Günter Gräfenhain); 33 (Helge Bias); 41 (Maurizio Rellini)

Mauritius Images, Mittenwald: S. 20 (age fotostock/Hoffmann Photography); 7 (age
fotostock/Walter Bibikow); 98 (Alamy/Manuel Schulz); 22 M. (Alamy/Pat Behnke);
4 u., 32 (Alamy/Peter Forsberg); 4 o. (imagebroker/Hans Blossey); 55 (imagebroker/
Thomas Robbin); 28, 120/6 (Torsten Krüger); 37, 106 (Travel Collection);
35 (Werner Otto)

Off Club, Bremen: S. 109 (Jan-Thore Kulke)

picture-alliance, Frankfurt a. M.: S. 120/1 (dpa/Christoph Gateau)

shutterstock.com, Amsterdam (NL): S. 89 (Marc Venema)

stock.adobe.com, Dublin (IE): S. 22 u. (kopfundbauch)

Zeichnung S. 5: Antonia Selzer, St. Peter

Alle weiteren Zeichnungen: Gerald Konopik, Mammendorf

Kartografie

© DuMont Reiseverlag, Ostfildern

Umschlagfoto

Titelbild: Rolandstatue auf dem Bremer Marktplatz

FSC
www.fsc.org
MIX
Papier aus ver-
antwortungsvollen
Quellen
FSC® C018236

3., aktualisierte Auflage 2023
© DuMont Reiseverlag, Ostfildern
Alle Rechte vorbehalten
Autorin: Britta Rath
Grafisches Konzept: Eggers+Diaper, Potsdam
Printed in Poland

Kennen Sie die?

Jan Böhmermann
Der Satiriker, Moderator, Entertainer kam im Bremer Stadtteil Gröpelingen zur Welt und besuchte in Bremens Norden, in Vegesack, die Schule und bietet immer mal wieder Stoff für Kontroversen.

Sven Regener
Der Musiker, Gründer von Element of Crime, und Autor lebt nicht in seiner Geburtsstadt Bremen, doch in seinen Büchern »Herr Lehmann«, »Neue Vahr Süd«, »Der kleine Bruder« spielt sie zumindest eine kleine Rolle.

Lale Andersen
Unvergessen ist sie, ist ihre Stimme, sind ihre Lieder, nicht zuletzt dank des Films »Wie einst Lilli Marleen«, die gebürtige Bremerhavenerin (Leherin) Liese-Lotte Helene Berta Bunnenberg.

Borgward Isabella
Immer noch traumhaft, die 1954–61 in Bremen gebaute Autolady. Anfangs hieß sie Hansa 1500.

Barbara Sukowa
Ebenfalls in Bremen geboren, wo sie auch ihr Abitur machte, lebt die renommierte Schauspielerin und Sängerin nun schon seit vielen Jahren in New York.

Ludwig Roselius
Eine Büste erinnert in ›seiner‹ Böttcherstraße an den Kaffeekaufmann und Kunstmäzen, geschaffen hat sie der Bildhauer Bernhard Hoetger.

Hans Koschnick
Er starb im April 2016. Der ehemalige SPD-Bürgermeister Bremens und ehemalige EU-Beauftragte für Mostar wird in der Freien Hansestadt nicht vergessen werden.

Roland
Er steht auf dem Marktplatz und verkündet den Bremern bis heute die Freiheitsrechte.

Karl Carstens
Vom Mitglied der SA und der NSDAP zum CDU-Mitglied und fünften Präsidenten der Bundesrepublik Deutschland. Begraben liegt er auf dem Riensberger Friedhof.